# Zurück zur inneren Quelle

OSHO

# Zurück zur inneren Quelle

## Gelassen und glücklich durch Meditation und Selbsterforschung

Aus dem Englischen übersetzt von
Rajmani H. Müller

IRISIANA

# IMPRESSUM



*Dieses Buch wurde aus zahlreichen Originalvorträgen von Osho zusammengestellt, die in Buchform und vornehmlich englischer Sprache vollständig veröffentlicht wurden und ebenso als Audioaufnahmen im Osho-Originalton vorliegen.*
*Siehe: www.osho.com/library*



**Projektleitung:** Inga Heckmann
**Übersetzung:** Rajmani H. Müller
**Lektorat:** Inga Heckmann
**Korrektorat:** Susanne Langer-Joffroy
**Herstellung:** Claudia Scheike
**Satz:** KompetenzCenter, Mönchengladbach
**Illustrationen:** Cecilia Turchelli
**Layout:** Benedetto degli Innocenti
**Coverdesign und Umschlaggestaltung:** Geviert, Grafik & Typografie
unter Verwendung von einer Illustration von © Cecilia Turchelli
**Druck und Bindung:** Alföldi, Debrecen
Printed in Hungary

FSC www.fsc.org MIX Papier aus verantwortungsvollen Quellen FSC® C010328

Klimaneutral* Druckprodukt ClimatePartner.com/14044-1912-1001

Penguin Random House Verlagsgruppe FSC® N001967

ISBN 978-3-424-15408-5

# INHALT

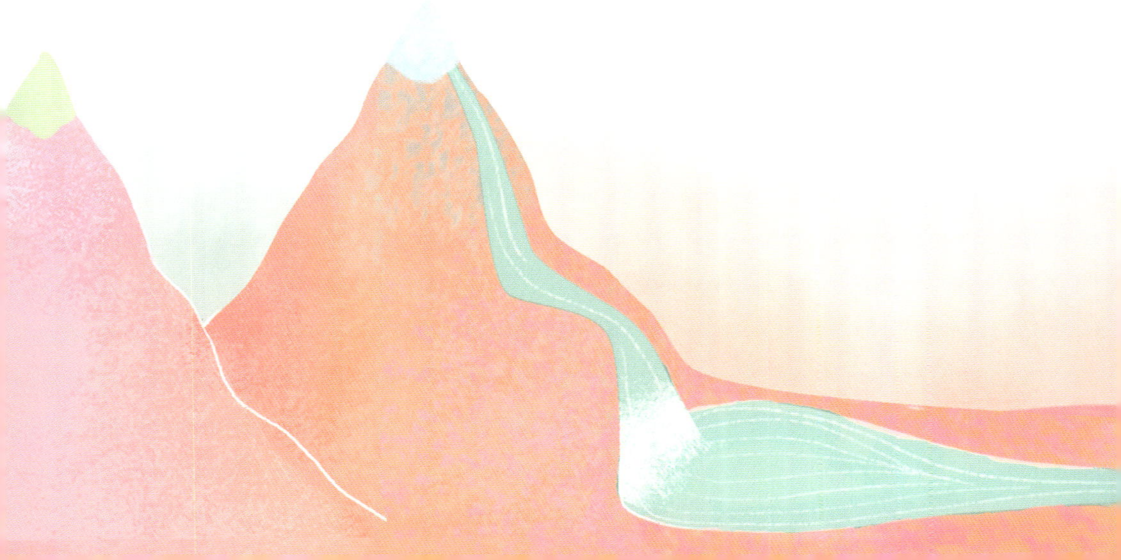

# ZUR VERWENDUNG DIESES BUCHES

**Begib dich so vollständig und total, wie du nur kannst in die Mitte deines Seins, ins Auge des Zyklons. So kommst du nach Hause.**

**— Osho**

Wir alle kennen Momente des »nach Hause Kommens«, in denen wir uns entspannt und geerdet fühlen, frei von der Rastlosigkeit, die so häufig unseren Alltag charakterisiert. Diese Momente können sich in der Natur einstellen, oder beim Vertiefen in ein Tun, das uns Freude bereitet, allein oder mit Menschen, die wir lieben. So einzigartig und verschieden wir auch sein mögen – in solchen Momenten ist uns eines gemeinsam: das Gefühl, genau dort zu sein, wo wir jetzt sein sollen, an unserer inneren Quelle.

Diese Seiten, mit Oshos Worten aus Hunderten seiner öffentlichen Reden und persönlichen Gespräche gestaltet, sollen uns auf einer Reise begleiten, bei der wir diese seltenen Augenblicke des »zu Hause Seins« allmählich in ein Grundgefühl verwandeln, das alle Aspekte unseres Lebens durchzieht. Neben allgemeinen Erläuterungen zur Meditation und speziellen Techniken zum Ausprobieren geben sie uns Einsichten in unsere Gewohnheiten, wie wir Spannung und Konflikte aufbauen. Und wie unser Leben aussehen könnte, wenn wir die Muster erkennen und sie loslassen können.

Wie du dieses Buch für dich nutzen möchtest, liegt völlig bei dir. Bist du jemand, der erst die Gebrauchsanleitung liest, bevor er ein Gerät in Betrieb nimmt, dann tu das ruhig und lies das Buch erst einmal durch, bevor du mit den Techniken experimentierst. Bist du eher der Typ, der gleich in eine Sache hineinspringt, um zu sehen, was passiert, dann kannst du das ebenso tun – und dann später im Buch nachlesen, wie du deine Erfahrungen einordnen kannst.

Ein kurzer praktischer Hinweis: An einigen Stellen werden Oshos einzigartige »Aktive Meditationen« erwähnt, wie die »Dynamische«, »Kundalini« oder »Nataraj«. Nähere Informationen dazu findest du am Ende des Buches.

## EINE GEWISSHEIT

Ich weiß, dass du schwimmen kannst, wenn du in den Strom springst, denn das Schwimmen ist eine natürliche Sache. Man muss es nicht lernen. Ich rede hier nicht vom Schwimmen in einem äußeren Strom; dabei kannst du ertrinken. Ich rede vom inneren Strom des Bewusstseins, in den du hineinspringst. Und das ist hier gemeint, diese parallele Bedeutung, die du erst entschlüsseln musst. Du weißt von Natur aus, wie es geht. Oder hast du je gesehen, dass ein Fisch schwimmen lernen müsste?

Mulla Nasruddin wurde einmal beim Fischen an einer Stelle erwischt, wo es verboten war. Plötzlich tauchte ein Aufseher auf und ertappte ihn auf frischer Tat, als er einen Fisch einholte. Er warf den Fisch gleich zurück und saß da, als sei nichts passiert.

Der Aufseher stand daneben. Er fragte: »Was tust du da, Mulla?« Mulla sagte: »Ich bringe dem Fisch das Schwimmen bei.«

Kein Fisch muss schwimmen lernen. Im Wasser geboren, ist Schwimmen für ihn wie Atmen. Wer brachte dir das Atmen bei?

Du musst keine Angst haben. Wenn du Vertrauen hast, in den Strom deines Bewusstseins zu springen, wirst du schwimmen können. Es kann höchstens passieren, dass du lange dahintreibst, bis dich ein Fischer herausholt. Du kannst treiben, sonst nichts. Ertrinken kannst du nicht. Du gehörst zum Bewusstsein, bist Teil dieses Bewusstseinsstroms.

# EINE EINLADUNG

Seligkeit ist nicht Vergnügen – das ist körperlich, vorübergehend. Seligkeit ist auch nicht Glück – das ist psychisch, geht etwas tiefer als Vergnügen, aber nur ein wenig. Vergnügen ist nur an der Oberfläche, und Glück ist hauchdünn, aber wenn man ein bisschen daran kratzt, verschwindet es. Es hat keine wirklichen Wurzeln, es ist nur im Kopf.

Seligkeit gehört weder zum Körper noch zum Verstand; sie ist von einer unendlichen Tiefe. Sie ist deine tiefste Seele, dein Wesen, deine Essenz. Vergnügen kommt und geht; Glück tritt ein und verschwindet wieder. Seligkeit ist ewig. Als Unterströmung ist sie immer vorhanden, ob wir es merken oder nicht. Man muss nur danach graben.

Und darin besteht hier meine ganze Arbeit: einen Brunnen in dir graben zu helfen, damit du das Grundwasser der Seligkeit findest.

Wenn du tief in dir gräbst, findest du erst die Wahrheit, dann das Bewusstsein und schließlich die Seligkeit. Die Seligkeit ist am tiefsten – und das Tiefste ist zugleich das Höchste.

Gott ist nur ein Name für Seligkeit. Gott ist keine Person. Die Vorstellung von Gott als Person hat die Menschheit irregeleitet.

Es ist eine Erfahrung, die über Körper und Denken hinausgeht, die Erfahrung dessen, was in dir verborgen ist und schon immer da war. Du musst es nicht erschaffen, musst nirgendwo anders danach suchen. Du brauchst nur tief in dich selbst einzutauchen.

Zu suchen heißt, dich nach innen zu wenden, das eigene Innere zu erforschen. Ich habe nichts gegen das Äußere, die schöne Außenwelt, aber wenn du dein Inneres, deine Innenwelt nicht kennst, kann auch das Äußere nicht besonders schön sein. Tiefe, Schönheit, Freude hat es nur, wenn du in deinen Quellen wurzelst.

Ein Baum, der hoch in den Himmel reichen will, die Sterne berühren und mit den Wolken flüstern will, muss als Erstes mit seinen Wurzeln so tief wie möglich in die Erde greifen.

Je tiefer die Wurzeln, desto höher kann der Baum wachsen. Und dasselbe gilt für das Innere und das Äußere: Je tiefer die Wurzeln ins Innere reichen, desto größer wird dein Zugang zum Äußeren sein.

Wenn deine Wurzeln wirklich deine Quelle der Seligkeit berühren, dann werden deine Zweige im Außen blühen. In der Vergangenheit haben die Religionen versucht, eine Spaltung zwischen dem Außen und dem Innen zu erzeugen. Das war eine reaktionäre Haltung. Als sie sahen, dass die weltlichen Menschen allzu sehr mit dem Äußeren beschäftigt waren, schwenkten sie um zum Gegenpol: Sie begannen, allen Wert, zu großen Wert, auf das Innere zu legen. Doch so schufen

sie Spaltung – eine der bisher größten Katastrophen: Sie hat eine schizophrene Menschheit geschaffen.

Das Äußere und das Innere scheinen sich feindlich gegenüberzustehen; der weltliche und der überweltliche Mensch erscheinen als Feinde. Der Weltliche ist der Sünder, der Überweltliche der Heilige.

Ein Suchender sollte beides in sich vereinen: In dieser Welt, jedoch nicht von ihr zu sein, innen verwurzelt und außen erblühend. Er sollte nicht ins Kloster, nicht in den Himalaja flüchten, sondern auf dem Marktplatz leben – und dennoch still und friedlich, liebevoll und meditativ. Nur so können wir einen neuen, ganzheitlichen Menschen hervorbringen. Für mich heißt ganz zu sein, heilig zu sein.

Heilig ist nicht allein die Dimension des Inneren, sondern die des Äußeren ebenso. Aber zuerst müssen die Wurzeln wachsen, dann können die Zweige folgen. Wächst der Baum zuerst in die Höhe, dann wird er umfallen; er hat keinen stabilen Stand.

Der Suchende muss zuerst meditativer und glückseliger werden, dann entsteht in seinem Äußeren auf natürliche Weise neues, grünes Laub, und er wächst in die Höhe. Und wenn dann die Wurzeln von der inneren Seligkeit genährt werden, wird es früher oder später geschehen, dass seine Zweige schwer von Blüten sind.

In diesem Moment wird ein Mensch zum Buddha.

# BEWUSST ZU SEIN IST DER SCHLÜSSEL

## *Und am Anfang musst du dich bemühen*

Ich sehe große Möglichkeiten in dir, darum solltest du, statt dich mit Trivialitäten abzugeben, deine Energie auf eine einzige Sache lenken: Wie du achtsamer und wacher werden kannst, wie du dein Leben bewusster leben kannst, mit dieser festen Absicht.

Am Anfang musst du dich darum bemühen, bewusst zu sein. Sobald sich die Mühe festsetzt und ein Teil von dir transformiert worden ist, kannst du es vergessen; es bleibt dir erhalten. Sobald du mehr Bewusstheit hast, bleibt sie, und es kann keinen Rückfall mehr geben. Dann kannst du an anderen Teilen deines Wesens arbeiten und wirst dir nach und nach, Zentimeter für Zentimeter, das Innere deines Palastes erobern. Und je tiefer du eindringst, desto glückseliger wirst du werden. Der Tag, an dem dein ganzes Wesen von Licht erfüllt ist, wird ein Freudentag sein.

Das meint Jesus, wenn er sagt: »Das Königreich Gottes ist in euch. Aber seid wachsam«, und er wiederholt es tausendundein Mal: »Seid wachsam, bleibt wach!«

Einmal wurde er gefragt: »Wie meinst du das?« Er sagte: »Es ist wie bei dem Mann, der eine lange Reise antrat. Er sagte zu seinen Dienern: ›Bleibt wach, denn ich kann jederzeit zurückkommen und würde euch nicht gerne schlafend antreffen, wenn ich komme.‹ Er sagte ihnen nicht, wann er kommen würde – morgen, übermorgen, diesen oder nächsten Monat, dieses oder nächstes Jahr. Die Diener mussten ständig wachsam sein. Der Herr konnte jederzeit kommen!«
Jesus sagte: »So kann auch Gott jederzeit in dich kommen. Sei wach!«
Mit deinem Wachsein sendest du eine Einladung an Gott.

Mit »Gott« meine ich die gesamte Energie, die in der Existenz schon bewusst geworden ist. Ich meine damit nicht den Gott der Christen, der die Welt erschuf – nein, die gesamte Energie aller Buddhas. Christus ist ein Buddha, auch Mohammed. Die Energie aller erleuchteten Menschen ist in der Existenz vorhanden, und sie nimmt weiter zu. Jeder Erleuchtete trägt mit seinem Bewusstsein dazu bei; das ist Gott. Das ganze Bewusstsein, das in der Existenz vorhanden ist – das bedeutet Gott.

Wenn du dich bemühst, achtsam zu werden, beginnt diese Bewusstheit zu dir hin zu strömen, denn Gleiches zieht

Gleiches an. Bist du unbewusst, dann strömt auch Unbewusstes zu dir, denn Gleiches zieht Gleiches an. Ein wenig Einsatz für die Bewusstheit, und du wirst entdecken, dass du mehr bekommst, als du eingesetzt hast – dann fängst du an, die Hilfe der Existenz zu spüren, sonst nicht.

Wenn du eine kleine Anstrengung machst und siehst, dass so viel mehr zurückkommt, als du hineingibst – ein Plus –, dann wird dir erstmalig bewusst, dass die Existenz zu dir hinströmt. Deine Anstrengung bringt etwas, aber es passiert noch mehr, worum du dich gar nicht bemüht hast. Das wird Gnade genannt. Wenn das Höchste eintritt, steht es nicht im mathematischen Verhältnis zu deinen Bemühungen; sie sind winzig. Du hattest nur um einen Tropfen gebeten, und der ganze Ozean ergießt sich in dein Sein.

## NUR DIE EINE STRATEGIE

Ich gebe dir nur eine kleine Sache, die in deinem Herzen erarbeitet werden muss – und das ist, wachsamer zu sein. Tue, was immer du tun willst, aber tue es mit mehr Bewusstsein.

Wenn du auf der Straße gehst, gehe bewusster; achte darauf, dass du gehst. Wenn du atmest, gar nichts tust, dann atme nur und sei dir bewusst, dass du atmest. Der Atem kommt hinein – sei dir dessen bewusst. Der Atem geht hinaus – sei dir dessen bewusst.

Benutze alles, um bewusster zu werden, dann wird mehr und mehr Bewusstheit in dich einströmen, dich durchfluten – mehr, als du dafür getan hast. Dann siehst du, dass die Hand des Göttlichen dir hilft. Wenn du diese Hand einmal wahrgenommen hast, entsteht Vertrauen. Dann weißt du, dass du nicht allein bist.

## EXPERIMENTIERE!

Du suchst und forschst schon viele Leben lang, aber du hast nie durchgehalten, hast viele Male angefangen und wieder aufgehört. Du hast oft versucht, den Brunnen zu graben, bist aber nie bis zum Grund gegangen. Du hast viele Löcher gegraben, aber das Wasser kam nie. Diesmal nimm es dir fest vor. Meditation kann dir große Freude und Segen bringen, aber du musst dich darauf einlassen.

Der Anfang ist schwer, und dranzubleiben ist am schwierigsten, denn der Geist ist wankelmütig – an einem Tag wird er sagen: »Es passiert ja gar nichts, wozu die Mühe?« oder: »Morgen ist auch noch ein Tag« oder: »Heute gibt es zu viel anderes zu erledigen.« Der Verstand schiebt gerne auf. Die Meditation braucht aber ein ständiges Bemühen; sie ist nicht hart wie Fels, sie ist weich, ein Phänomen wie fallendes Wasser. Fällt es kontinuierlich, brechen sogar Felsen, aber es muss kontinuierlich sein. Seine Energie ist weich, weiblich, doch die Beharrlichkeit macht, dass sich nach und nach alles, was ihm in den Weg kommt, auflöst.

Am Anfang sind die Dinge, die den Weg blockieren, sehr hart, und es erscheint fast unmöglich, dass Meditation gewinnen kann. Die Gedanken erweisen sich als stärker; der Verstand erscheint sehr eigensinnig, unbeugsam. Du bemühst dich, still zu sein, und nichts passiert. Wenn du still werden willst, kommen immer mehr Gedanken. Wenn sie sehen, dass du sie bekämpfst, wehren sie sich heftig, um dir zu beweisen, dass deine Mühe gar nichts bringt. Blase das Ganze lieber ab, das ganze Projekt ist Unsinn! Anfangs ist dein Gegner also sehr stark, und der Freund ist weich und zart, fast unsichtbar, ungreifbar, sehr flüchtig. Der Verstand gibt dem Gegner schnell nach. Wenn du aber durchhältst, beginnt in sechs bis zwölf Monaten etwas zu passieren. Es ist nur eine Frage des ständigen Bemühens, immer wieder, und nicht auf den Verstand zu hören.

Auch wenn nichts passiert, mach dir keine Sorgen. Du hast dein Leben lang geschlafen und nichts ist passiert; du hast jeden Tag dein Bad genommen und nichts ist passiert, aber trotzdem badest du weiter, denn es reinigt und tut gut. Lass Meditation genauso zu einem Teil deines Alltags werden. Eine Stunde solltest du ihr jeden Tag widmen. Und wenn du täglich eine Stunde dafür gibst, wirst du in sechs bis zwölf Monaten sehen, dass etwas ungeheuer Wertvolles begonnen hat. Probiere alle Meditationen, und dann suche dir eine aus – diejenige, die am tiefsten zu gehen scheint und zu dir passt. Und wenn du deine Wahl getroffen hast, setze es mindestens ein Jahr lang fort – dann wird vieles möglich.

Solange dein Innen und Außen
nicht zu einem Ganzen werden,
bleibst du unvollständig –
und Unvollständigkeit ist Leiden.
Nur in der Vollendung ist Glückseligkeit.
Erst wenn du vollständig geworden bist,
kommst du nach Hause.

Dann hast du ein konfliktfreies Leben erreicht,
ein Leben mit großer Leichtigkeit, ganz entspannt.

## BEWUSST, WER DU BIST
### und wo du bist

Es gibt da eine schöne Geschichte, vielleicht ein wenig respektlos, aber nur Zen-Buddhisten sind zu so etwas imstande. Sie lieben ihren Meister so sehr, sie lieben Buddha so sehr, dass sie es sich sogar erlauben können, respektlos zu sein.

Es wird erzählt, dass einmal ein Affe zu Buddha kam – und Affe steht für Mensch, Affe meint den Verstand. Der Verstand ist ein Affe. Charles Darwin hat das erst viel später erkannt – doch im Osten haben wir schon immer gewusst, dass der Mensch vom Affen abstammen muss, weil er sich oft wie ein Affe verhält. Beobachte nur den Verstand mit seinem ständigen Geschnatter, und dann beobachte mal einen Affen im Baum. Man spürt die Ähnlichkeit.

Ein Affe kam zu Buddha, und es war kein gewöhnlicher Affe. Er war ein König, ein Affenkönig – also ein Affe par excellence! Dieser Affe sagte zu Buddha: »Ich möchte ein Buddha werden.«

Buddha sagte: »Ich habe noch nie gehört, dass jemand ein Buddha wurde und dabei ein Affe blieb.«

Der Affe sagte: »Du kennst meine Kräfte nicht. Ich bin kein gewöhnlicher Affe.« Kein Affe denkt, dass er gewöhnlich ist, alle Affen denken, dass sie außergewöhnlich sind; das gehört zu ihrer Affenhaftigkeit. Er sagte: »Ich bin kein gewöhnlicher Affe. Wovon redest du? Ich bin ein König der Affen.«

Also fragte ihn Buddha: »Welche außergewöhnlichen oder besonderen Kräfte besitzt du? Kannst du sie mir zeigen?«

Der Affe sagte: »Ich kann bis ans Ende der Welt springen.« Er war schon immer in den Bäumen herumgesprungen. Er wusste, wie man springt.

Also sagte Buddha: »Gut. Dann komm auf meine Handfläche und spring ans andere Ende der Welt.«

Der Affe versuchte es, mit aller Macht – und er war wirklich ein sehr mächtiger, sehr intensiver Affe. Er flog wie ein Pfeil, er sprang und

sprang und sprang. Es vergingen Monate, sogar Jahre, heißt es. Und dann kam der Affe an das Ende der Welt.

Er lachte und sagte: »Schau! Da ist das Ende!« Er schaute nach unten. Da war ein Abgrund: Fünf Säulen standen dort, um die Grenzen zu markieren. Jetzt musste er zurück, aber wie konnte er beweisen, dass er bei diesen fünf Säulen gewesen war? Also urinierte er an eine Säule, um sie zu markieren.

Jahre vergingen, und er kam zurück. Als er Buddha erreichte, sagte er: »Ich bin bis ans Ende der Welt gekommen und habe eine Spur hinterlassen.«

Aber Buddha sagte: »Schau dich mal um.«

Er hatte sich überhaupt nicht bewegt. Die fünf Säulen waren die fünf Finger des Buddha, und sie stanken! Der Affe war mit geschlossenen Augen dort gewesen – er musste geträumt haben. Der Verstand ist ein Affe mit geschlossenen Augen, der träumt. Du bist nie irgendwo hingegangen, du warst immer hier und jetzt – weil nichts anderes existiert. Öffne mal die Augen. Öffne deine Augen und schau dich um, und plötzlich wirst du lachen. Du warst schon immer im höchsten Sein verwurzelt; du musst nicht damit eins werden. Mache dir nur bewusst, wo du bist, und wer du bist.

## DER VERBORGENE SCHATZ

Die meisten Menschen lernen ihr Bewusstsein nie kennen – es ist ein verborgener Schatz. Du weißt nicht, was er enthält, solange du ihn nicht erweckst, solange du ihn nicht ans Licht bringst, solange du nicht sämtliche Türen öffnest, in dein Wesen eintrittst und alle seine Ecken und Winkel kennenlernst. Vollkommene Bewusstheit wird dir zeigen, wer du bist, und auch, was deine Bestimmung ist, wohin du gehen sollst, welche deine Fähigkeiten sind. Verbirgst du in deinem Herzen einen Dichter, oder einen Sänger, oder einen Tänzer, oder einen Mystiker?

Das Bewusstsein ist so etwas wie das Licht. Jetzt im Moment befindest du dich innerlich in tiefer Dunkelheit. Wenn du die Augen schließt, ist da Dunkelheit und sonst nichts.

Einer der großen Philosophen des Westens, C. E. M. Joad, lag im Sterben, und ein Freund, der ein Schüler von George Gurdjieff war, kam ihn besuchen. Joad fragte seinen Freund: »Was hast du noch mit diesem seltsamen Kerl George Gurdjieff zu tun? Was vergeudest du dort deine Zeit? Und nicht nur du, sondern noch viele andere, wie ich gehört habe, verschwenden damit ihre Zeit.«

Sein Freund lachte. Er sagte: »Komisch: Diese paar Leute, die bei Gurdjieff sind, denken, die ganze Welt verschwende ihre Zeit, während du denkst, dass wir unsere Zeit verschwenden.«

Joad sagte: »Ich habe nicht mehr lange zu leben, sonst wäre ich schon gekommen, um zu vergleichen.«

Der Freund sagte: »Selbst wenn du nur noch wenige Sekunden zu leben hättest, kann es geschehen, hier und jetzt.« Joad willigte ein. Der Mann sagte: »Schließe die Augen und schau nach innen, und dann öffne sie wieder und sag mir, was du dort findest.«

Joad schloss die Augen, öffnete sie dann und sagte: »Da ist Dunkelheit und sonst nichts.« Der Freund lachte und sagte: »Es ist nicht der richtige Moment zum Lachen, weil du bald sterben wirst, aber ich bin zur rechten Zeit gekommen. Du hast gesagt, dass du nur Dunkelheit in dir gesehen hast?« Joad sagte: »Natürlich.«

Und der Mann sagte: »Du bist ein so großer Philosoph, hast so schöne Bücher geschrieben. Kannst du nicht sehen, dass es da zwei Dinge gibt – dich und die Dunkelheit? Wer sonst sah die Dunkelheit?

C. E. M. JOAD

GEORGE GURDJIEFF

Die Dunkelheit kann sich selbst nicht sehen – so viel ist klar – und die Dunkelheit kann auch nicht berichten, dass es dort nur Dunkelheit gibt.« Joad dachte darüber nach, und dann sagte er: »Mein Gott, vielleicht ist es ja so, dass diese Leute, die bei Gurdjieff sind, nicht ihre Zeit verschwenden. Es ist wahr, ich habe die Dunkelheit gesehen.«

Sein Freund sagte: »Unsere ganze Anstrengung besteht darin, dieses ›Ich‹, den Zeugen, immer stärker und kristallisierter zu machen und die Dunkelheit in Licht zu verwandeln. Und diese beiden Dinge geschehen gleichzeitig. Während der Zeuge immer zentrierter wird, wird die Dunkelheit immer weniger. Wenn der Zeuge zur vollen Blüte kommt, das ist der Lotos des Bewusstseins – und dann verschwindet alle Dunkelheit.«

Lass den Zeugen, dein Bewusstsein, immer mehr kristallisiert werden, bis dein inneres Sein, deine Innerlichkeit, ein Licht wird, so voll und überfließend, dass du es mit anderen teilen kannst.

In der Dunkelheit zu sein, bedeutet, am Minimum zu leben. Und voller Leben zu sein, bedeutet, am Maximum zu leben.

# STELLE DICH DEINER REALITÄT

Zuerst eine Geschichte: Es war einmal ein kleiner Eisbär, der fragte seine Mutter: »War mein Papa auch ein Eisbär?«

»Na klar, dein Papa war ein Eisbär.«

»Aber«, fährt der Kleine nach einer Weile fort, »Mami, sag mal, war mein Großvater auch ein Eisbär?«

»Ja, er war auch ein Eisbär.«

Die Zeit vergeht, und der Kleine fragt wieder seine Mutter: »Aber was ist mit meinem Urgroßvater? War der auch ein Eisbär?«

»Ja, das war er. Doch warum fragst du?«

»Weil ich friere!«

Ein Freund hat gefragt: »Osho, mir wurde gesagt, mein Vater sei ein Eisbär, mir wurde gesagt, mein Großvater sei ein Eisbär, mir wurde gesagt, mein Urgroßvater sei ein Eisbär; aber ich friere. Wie kann ich das ändern?«

Zufällig kenne ich deinen Vater, und zufällig kenne ich auch deinen Großvater, und zufällig kenne ich auch deinen Urgroßvater; und sie haben ebenfalls gefroren. Und ihre Mütter erzählten ihnen die gleiche Geschichte: »Dein Papa war ein Eisbär und dein Großvater war ein Eisbär und dein Urgroßvater war ein Eisbär.«

Wenn du frierst, dann frierst du; diese Geschichten werden nicht helfen. Es beweist nur, dass sogar Eisbären frieren. Sieh die Realität und kümmere dich nicht um die Tradition, vergiss die Vergangenheit. Wenn du frierst, dann frierst du! Und dann ist es für dich überhaupt kein Trost, dass du ein Eisbär bist.

Solche Tröstungen hat man der Menschheit immer gegeben.

Ein Mann liegt im Sterben, und man tröstet ihn damit, dass die Seele unsterblich sei. Solche Trostsprüche sind keine Hilfe. Jemand ist im Elend, und man sagt ihm: »Sei nicht unglücklich. Es ist nur psychologisch.« Wie soll das helfen? Man macht ihn nur noch unglücklicher! Solche Theorien sind keine große Hilfe. Sie sind erfunden worden, um zu trösten, um zu täuschen.

Wenn du frierst, dann frierst du. Statt zu fragen, ob dein Vater ein Eisbär war, beweg dich lieber. Springe, laufe, mach die Dynamische

Meditation, dann wirst du nicht frieren, das verspreche ich dir. Vergiss deinen Vater und Großvater und Urgroßvater. Höre einfach auf deine Realität. Wenn du frierst, dann tu etwas. Und etwas tun kann man immer. Aber so geht das nicht, du bist auf dem falschen Weg. Du kannst fragen und fragen, und natürlich wird dich deine arme Mutter weiter trösten.

Die Frage ist wunderbar, sehr aussagekräftig, von ungeheurer Tragweite. So leidet die Menschheit. Höre auf das Leiden, schaue dir das Problem an. Und versuche nicht, irgendwelche Lösungen außerhalb des Problems zu finden. Schaue dir das Problem direkt an, und du wirst dort immer die Lösung finden. Schaue dir die Frage an; frage nicht nach einer Antwort.

Zum Beispiel kannst du ständig herumfragen: »Wer bin ich?« Fragst du einen Christen, sagt er dir: »Du bist ein Sohn Gottes, und Gott liebt dich sehr.« Darüber wirst du dich sehr wundern, denn wie kann Gott dich lieben?

Oder du fragst die Hindus, und sie sagen: »Du selbst bist Gott.« Nicht der Sohn Gottes, sondern Gott selbst! Aber was ist mit deinem Kopfweh und deiner Migräne, und du fragst dich: Wie kann Gott Migräne haben? – und dein Problem ist damit nicht gelöst.

Wenn du fragen willst: »Wer bin ich?«, geh zu niemandem. Setze dich still hin und frage tiefer in dich hinein. Lass die Frage nachhallen – nicht verbal, aber existenziell. Lass die Frage da sein, wie ein Pfeil, der dein Herz durchbohrt: »Wer bin ich?« Und gehe mit der Frage mit.

Hab keine Eile, sie zu beantworten. Gibst du eine Antwort, so wird diese bestimmt von jemand anderem stammen – einem Priester, einem Politiker, einer Tradition. Antworte nicht aus dem Gedächtnis, denn alles darin ist nur geliehen. Dein Gedächtnis ist genau wie ein Computer, sehr tot! Dein Gedächtnis liefert dir keine Erkenntnis. Es liefert, was man dir eingegeben hat.

Wenn du fragst: »Wer bin ich?«, und dein Gedächtnis sagt: »Du bist eine große Seele«, dann pass auf! Tappe nicht in die Falle. Wirf den ganzen Müll weg; es ist alles Schrott. Frage nur weiter: »Wer bin ich? Wer bin ich? Wer bin ich?« Und eines Tages wirst du sehen, dass nicht einmal mehr die Frage da ist, nur ein Dürsten ist noch übrig – »Wer bin ich?« Kein Fragen mehr, nur das Pulsieren deines ganzen Wesens in diesem Dürsten – »Wer bin ich?«.

Und eines Tages wirst du sehen, dass nicht einmal du noch da bist – nur der Durst. Und in diesem intensiven, leidenschaftlichen Zustand deines Seins erkennst du plötzlich, dass etwas explodiert ist. Plötzlich stehst du dir gegenüber, von Angesicht zu Angesicht – und du wirst wissen, wer du bist.

Man kann seinen Vater nicht fragen: »Wer bin ich?« Er hat selbst keine Ahnung, wer er ist. Man kann auch seinen Großvater oder Urgroßvater nicht fragen. Frage nicht! Frage nicht deine Mutter, frage nicht die Gesellschaft, frage nicht die Kultur, frage nicht die Zivilisation. Frage deinen eigenen, innersten Kern. Wenn du wirklich die Antwort erfahren willst, geh nach innen. Und aus dieser inneren Erfahrung heraus geschieht die Veränderung.

Du fragst: »Wie kann ich das ändern?« Du kannst es nicht ändern. Zuerst musst du deiner Wirklichkeit begegnen, und diese Begegnung wird dich verändern.

## DIE DREI PRINZIPIEN

Meditation hat nichts mit Verstandeskontrolle zu tun – denn jede Kontrolle ist immer eine Form von Unterdrückung, und alles, was unterdrückt wird, rächt sich. Sobald du dich ein wenig entspannst, kommt das, was der Verstand unter Kontrolle gehalten hat, sofort hoch und fängt an, alles in dir gehörig aufzurühren.

Meditation ist nicht Kontrolle, denn Kontrolle erzeugt immer Spannung – während Meditation auf Entspannung beruht. Ein paar Dinge sind für die Meditation immer wesentlich, egal nach welcher Methode. Es sind diese drei Grundvoraussetzungen:

Das Erste ist ein Zustand der Entspannung – kein Kampf mit dem Denken, keine Verstandeskontrolle, keine Konzentration.

Zweitens: einfaches Wahrnehmen, entspannt und achtsam, von allem was geschieht, ohne sich einzumischen.

Und drittens: stilles Beobachten der Gedanken, ohne sie zu beurteilen oder bewerten.

Diese drei Punkte: Entspannung, Beobachtung, keine Urteile.

Allmählich lässt sich eine große Stille in dir nieder. Jede innere Bewegung kommt zur Ruhe. Du bist da, aber ohne das Gefühl von »Ich bin« – nur als leerer Raum.

Es gibt 112 Meditationstechniken, über die ich alle gesprochen habe. Sie haben unterschiedlichen Aufbau, aber immer sind die drei Grundelemente vorhanden: entspannt, achtsam, urteilsfrei.

Es sind noch mehr Techniken möglich – eine ganze Reihe habe ich neu entwickelt –, aber die drei Punkte müssen vorhanden sein.

Du kannst eine Methode den Zeitumständen oder individuellen Bedürfnissen anpassen, aber die drei Elemente dürfen niemals fehlen: Entspannung, Beobachtung und Nichturteilen.

In der Tat machen diese drei Dinge die eigentliche Methodik der Meditation aus; alles andere sind Variationen des Themas.

Wenn man nach diesen drei Grundprinzipien meditiert, kann man beliebig für verschiedene Situationen und Menschen neue Methoden kreieren. Die Erfahrung ist aber immer individuell.

## EIN SCHNELLVERFAHREN

**Anspannung ... und Loslassen!**

ZEIT: jeden Abend vor dem Einschlafen

DAUER: 4 bis 6 Minuten

Abends vor dem Schlafengehen stelle dich mitten ins Zimmer, genau in die Mitte, und spanne den ganzen Körper so stark an, wie du nur kannst – als würdest du gleich platzen. Halte es zwei Minuten lang, dann lass los und entspanne dich zwei Minuten im Stehen. Mache das Ganze zwei, drei Mal und geh dann schlafen.

Achte darauf, dass du den ganzen Körper so stark wie möglich anspannst. Danach tue gar nichts anderes mehr, dann wird die Entspannung während der Nacht in dir immer tiefer gehen.

Merke dir: Die erste Sache am Morgen bestimmt den Trend für den Tag, die letzte Sache am Abend den Trend für die Nacht. Wenn du tief entspannt in den Schlaf fällst, wird deine Nacht zum *Samadhi* – einer tiefen, entspannten Meditation.

Sechs, sieben, acht Stunden sind eine lange Zeit. Von sechzig Lebensjahren verbringst du zwanzig Jahre im Bett. Das ist eine lange Zeit, und wenn du die Qualität deines Schlafes verändern kannst, brauchst du zum Meditieren nicht in den Wald zu gehen.

# MEDITATION – DIE VOLLKOMMENE ENTSPANNUNG

Meditation ist nichts anderes als vollkommene Ruhe.

Wie du diese vollkommene Ruhe erreichst, hängt von vielen Dingen ab. Es gibt tausendundeine Methode, diese Ruhe herbeizuführen. Bei meinen Methoden ist es so, dass du zuerst so ruhelos wie nur möglich werden sollst, damit nichts in dir zurückbleibt. Wenn die ganze Ruhelosigkeit rausgeworfen wurde, stellt sich Ruhe ein. Dann gibt es keine Störung mehr – das ist der leichtere Weg.

Zu Buddhas Zeiten waren solche dynamischen Methoden nicht nötig. Die Menschen waren einfacher, authentischer, ihr Leben war echter. Heute sind sie sehr unterdrückt, leben ein unechtes Leben. Sie lächeln, wenn ihnen nicht danach ist. Statt ihre Wut zu zeigen, sind sie freundlich. Sie verstellen sich, ihre Lebensart ist unaufrichtig. Die ganze Gesellschaft hat die Falschheit kultiviert. Die Menschen spielen nur Rollen, statt richtig zu leben. So viel Unerledigtes, Ungelebtes hat sich wie Müll in ihnen angestaut.

Dich gleich in Stille hinzusetzen, wird dir nichts bringen. Sobald du still dasitzt, drängt sich alles Mögliche in dein Bewusstsein. Es wird dir fast unmöglich sein, Stille zu erleben. Zuerst musst du diese Dinge rauswerfen, damit sich ein natürlicher Ruhezustand einstellen kann. Dann erst kann wahre Meditation beginnen.

Alle dynamischen Meditationen schaffen erst die grundlegende Voraussetzung für wirkliche Meditation. Du solltest sie gar nicht als Meditation betrachten; sie sind nur eine Vorbereitung, ein Vorspiel. Erst wenn sämtliche Aktivitäten von Körper und Geist aufgehört haben, kann die eigentliche Meditation beginnen.

## EINE METHODE
### zur Befreiung von Stress und Blockaden

»Ich werde mir immer stärker der Anspannung in meinem Körper bewusst, die mich blockiert und meine Bewegungen einschränkt. Was kann ich tun?«

Du trägst einen sehr starken Panzer mit dir herum. Es ist aber gut, dass es dir bewusst wird. Es ist nur eine Rüstung, sie klebt nicht an dir. Du klebst aber an ihr, und sobald es dir bewusst wird, kannst du sie einfach fallen lassen. Die Rüstung ist tot. Wenn du sie nicht trägst, wird sie verschwinden. Du trägst sie nicht nur, du nährst und fütterst sie auch ständig. Du musst also darauf achten, wo im Körper du dich eingeschränkt fühlst. Da du die Einschränkungen, mit denen du dich selbst begrenzt hast, so stark erlebst, wirst du es vor allem in den Beinen und im Nacken, in der Brust und in der Kehle spüren. Du kannst also drei Dinge tun:

#### Der erste Schritt: Atme tief aus

Im Gehen, Sitzen oder immer wenn du gerade nichts tust, atme tief aus. Die Betonung liegt beim Ausatmen, nicht Einatmen. Atme also tief aus – stoße so viel Luft wie möglich durch den Mund aus. Aber tu es langsam, sodass es Zeit braucht; je länger es dauert, umso besser, weil es dann tiefer geht. Wenn die ganze Luft den Körper verlassen hat, wird dein Körper einatmen; nicht du atmest ein. Die Ausatmung sollte langsam und tief sein, die Einatmung aber schnell. Dadurch verändert sich die Panzerung an der Brust und auch an der Kehle.

### Der zweite Schritt: Laufe ins Leben

Wenn du anfangen könntest, ein bisschen zu laufen, würde es helfen. Nicht viel – ein Kilometer genügt. Stell dir vor, dass eine Last von deinen Beinen weggeht, als würde sie abfallen. Die Beine sind gepanzert, wenn deine Freiheit zu sehr eingeschränkt wurde, wenn man dir gesagt hat: Tu dies und lass jenes; sei so, aber nicht anders; geh hierhin, aber nicht dorthin. Fang also mit dem Laufen an, und betone auch hier mehr die Ausatmung. Wenn deine Beine wieder beweglich werden, kommt die Energie enorm ins Fließen.

### Der dritte Schritt: Lege deine Rüstung ab

Wenn du abends zu Bett gehst und deine Kleider ablegst, stell dir vor, dass du nicht nur die Kleider, sondern mit ihnen auch deine Rüstung ablegst. Du kannst es buchstäblich tun. Während du sie ablegst, nimm einen tiefen Atemzug – und dann leg dich zum Schlafen hin, ungepanzert, ohne etwas am Körper zu tragen, ohne Einschränkung.

Erzähle mir in drei Wochen, wie es läuft.

## VERBINDE DICH
### mit deinem Körper und dem Atem

Es ist sehr grundlegend, zu verstehen, dass dein Körper stets bereit ist, auf dich zu hören. Du hast nie mit ihm geredet, hast nie mit ihm Gespräche geführt. Du lebst in ihm, benutzt ihn, hast ihm aber noch nie dafür gedankt. Er dient dir, und zwar so intelligent wie möglich.

»Ich habe Schwierigkeiten, mich bei den Meditationen zu konzentrieren. Hast du einen Vorschlag?«

Die erste Sache – du sollst nicht versuchen, dich zu konzentrieren. Konzentration wird dir dabei überhaupt nicht helfen; sie erzeugt nur Anspannung im Verstand. Entspannung wird dir helfen, aber nicht Konzentration. Es gibt zwei Menschentypen: jene, denen Konzentration hilft, und jene, denen nur Entspannung helfen kann – und das sind zwei völlig verschiedene Vorgehensweisen.

Bei der Konzentration musst du deinen Geist auf etwas richten. Das ist nichts für dich. Deine Energie fließt nicht auf diese Weise.

Beim Entspannen kannst du einfach loslassen, ohne Fokus. Es ist das Gegenteil von Konzentration. Ich gebe dir eine Methode, die du zunächst abends vor dem Schlafengehen anwenden kannst.

Setze dich in einen Sessel und mache es dir bequem – das ist das Wichtigste. Zum Entspannen muss man es bequem haben. Mach es dir also im Sessel total bequem, in jeder Stellung, die sich gut anfühlt. Schließ die Augen und entspanne den Körper. Spüre von den Zehen bis zum Kopf, wo in dir Spannungen sind. Fühlst du etwas im Knie, so entspanne das Knie. Berühre das Knie und sage zu ihm: »Bitte, entspann dich.« Ist es an den Schultern, so berühre die Stelle und sage: »Bitte, entspann dich.« Innerhalb einer Woche wirst du in der Lage sein, mit deinem Körper zu kommunizieren. Und sobald du anfängst, mit deinem Körper zu kommunizieren, wird alles ganz einfach.

Den Körper muss man nicht zwingen, er lässt sich überreden. Man muss nicht gegen ihn kämpfen – das ist hässlich, gewalttätig, aggressiv, und jede Art von Konflikt erzeugt noch mehr Spannung. Es braucht also keinen Konflikt zu geben – lass es dir gut gehen!

Der Körper ist ein wunderbares Geschenk der Existenz, und gegen ihn zu kämpfen bedeutet, sich mit der Existenz selbst anzulegen. Der Körper, in dem wir wohnen, ist ein Schrein; er ist ein Tempel. Wir leben darin und sind verantwortlich, gut für ihn zu sorgen.

Also, sieben Tage lang ... Am Anfang wird es dir ein wenig absurd vorkommen, denn man hat uns nie beigebracht, mit dem eigenen Körper zu reden. Dabei können durch den Körper wahre Wunder geschehen! Das tun sie bereits, ohne unser Wissen.

Zuerst entspanne dich also im Sessel. Das Licht kann gedimmt, aber nicht grell sein. Teile allen mit: »Keine Störung für zwanzig Minuten – kein Telefon, gar nichts« – als würde die Welt zwanzig Minuten lang nicht existieren. Schließe die Tür, entspanne dich im Sessel und trage dabei lockere Kleidung, die dich nicht beengt. Dann fang an zu spüren, wo Spannungen da sind. Du wirst viele verspannte Stellen finden. Sie müssen zuerst entspannt werden, denn solange der Körper nicht entspannt ist, kann auch der Geist nicht entspannen. Der Körper schafft die Voraussetzung für die mentale Entspannung; er wird zu ihrem Vermittler. Wenn die Grundlage im Körper nicht gegeben ist, geht gar nichts. Als Erstes muss man also die körperlichen Grundlagen schaffen.

Berühre immer wieder die Stellen, die sich verspannt anfühlen. Berühre deinen Körper mit tiefer Liebe und Mitgefühl. Der Körper ist dein Diener, und du musstest dafür nie etwas bezahlen – er ist ein Geschenk. Und dabei so kompliziert, so ungeheuer komplex, dass es der Wissenschaft bis heute nicht gelungen ist, etwas von dieser Art hervorzubringen. Wir machen uns aber nie Gedanken darüber; wir lieben den Körper nicht. Im Gegenteil, wir ärgern uns über ihn. Die sogenannten Heiligen impften den Leuten viele törichte Dinge ein: Der Körper ist unser Feind, eine Erniedrigung. Der Körper zieht euch nach unten, er ist die Sünde schlechthin.

Wenn du eine Sünde begehen willst, hilft dir der Körper dabei, das ist wahr. Aber die Verantwortung liegt bei dir, nicht beim Körper. Wenn du meditieren willst, ist der Körper bereit, dir auch dabei zu helfen. Er folgt dir genauso, wenn du hinabsteigen willst, wie wenn du aufsteigen willst. Der Körper ist nicht der Missetäter.

Die ganze Verantwortung liegt in deinem Bewusstsein, aber wir suchen immer einen Sündenbock. Einer der ältesten Sündenböcke war schon immer der Körper, ihm kann man für alles die Schuld geben. Er ist stumm, kann sich nicht wehren, wird nichts erwidern, wird dir nicht sagen, dass du falsch liegst. Was immer du sagst – dein Körper wird nicht protestieren.

Du machst also mit dem ganzen Körper so weiter, umgibst ihn mit deiner mitfühlenden Liebe, tiefen Sympathie und Fürsorge. Nach mindestens fünf Minuten bist du ganz weich und entspannt, beinahe schläfrig. Richte nun die Aufmerksamkeit auf das Atmen.

Entspanne den Atem. Der Körper ist unser äußerster Teil, das Bewusstsein der innerste Teil, und der Atem ist die Brücke, die sie miteinander verbindet. Sobald das Atmen aufhört, ist der Mensch tot – die Verbindung ist unterbrochen. Nun kann der Körper nicht mehr als deine Heimstätte, als dein Zuhause dienen.

Wenn sich der ganze Körper entspannt hat, schließe die Augen und beobachte den Atem. Entspanne auch den Atem, indem du zu ihm sagst: »Bitte, entspanne dich. Sei ganz natürlich.« Sobald du »Bitte, entspanne dich« sagst, gibt es ein subtiles Einrasten. In der Regel ist unser Atem sehr unnatürlich geworden. Wir haben es verlernt, ihn zu

entspannen, weil wir ständig so gestresst sind, dass wir aus Gewohnheit ganz verkrampft atmen. Bitte also deinen Atem zwei oder drei Mal, sich zu entspannen, und dann bleibe still.

An diesem Punkt sage dir innerlich bei jedem Ausatmen: »Eins«; immer beim Aus-, aber nicht beim Einatmen. Atme aus und denke: »Eins«; dann atme ein und bleib still. Du denkst einfach bei jedem Atemzug, der rausgeht: »Eins ... Eins ... Eins.« Aber du sollst es nicht nur denken, sondern fühlen, dass die ganze Existenz eine Einheit ist. Du fühlst es ohne Worte – aber anfangs hilft es, innerlich »Eins« zu sagen.

Achte darauf, ob dieser Vorgang deinen Schlaf beeinträchtigt, denn das kann passieren. Wenn ja, kannst du die Meditation auch zwei oder drei Stunden vor dem Schlafengehen machen.

Das ist also die Technik: Beim Ausatmen sage: »Eins«, beim Einatmen bleibe still. Der Wechsel von »Eins« und Stille vermittelt dir eine neue Erfahrung von Wort und Wortlosigkeit. Das »Eins« entspricht dem Wort, das Stillbleiben der Wortlosigkeit. Das »Eins« gehört zur Sprache und zum denkenden Verstand, und die Wortlosigkeit überschreitet den Verstand – es ist Nicht-Denken.

Du wirst dich zwischen diesen beiden Polen hin und her bewegen, dem Endlichen und dem Unendlichen. Dein Bewusstsein bewegt sich ständig von einem Ufer zum anderen. So entsteht eine sehr feine Harmonie.

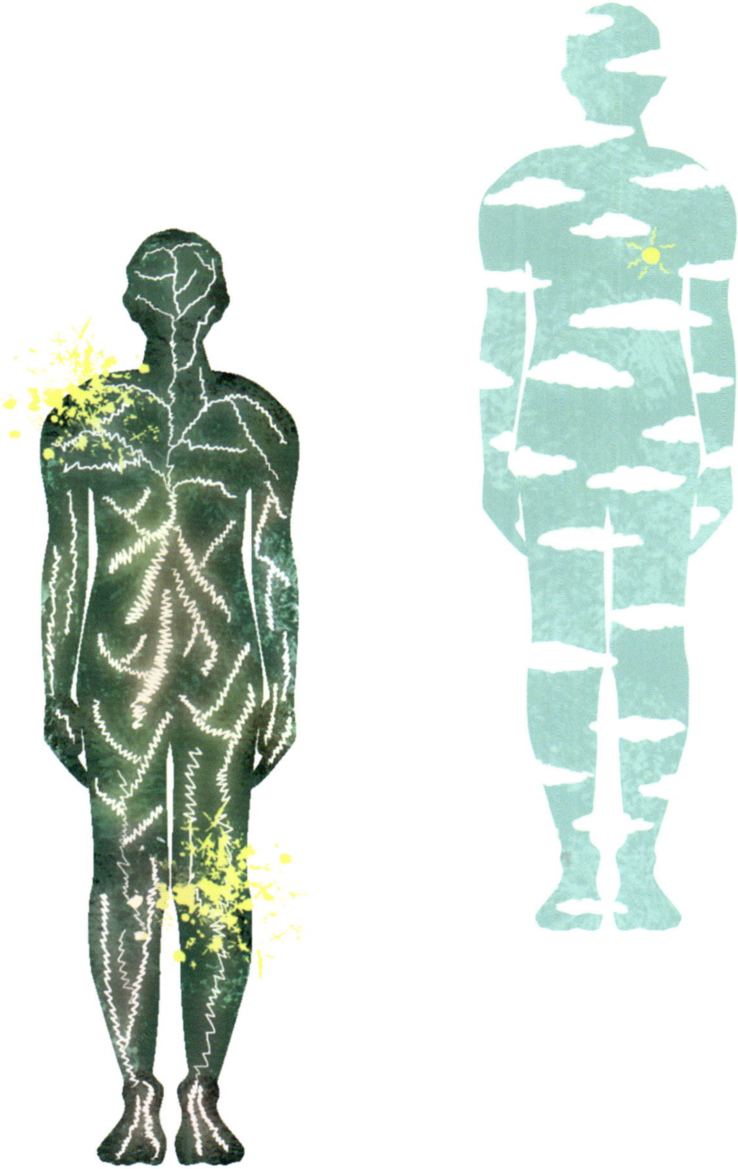

# ERSTE SCHRITTE IN DER KUNST DES BEOBACHTENS

Selbstbewusstsein ist nicht dasselbe wie Bewusstsein vom Selbst; und darin liegt ein Problem. Sich seiner selbst bewusst zu sein ist etwas völlig anderes als Selbstbewusstsein, das geradezu ein Hindernis für das Beobachten darstellt. Wenn du versuchst, mit einer selbstbewussten Einstellung zu beobachten, baust du eine Spannung auf, die das Zeugesein, reines Gewahrsein, verhindert.

Achte darauf: Gewahrsein ist im Ich-Bewusstsein nicht möglich.

Das Ego muss wegfallen. Es darf aber keine Anstrengung geben.

Es sollte ganz entspannt, in einem tiefen Loslassen passieren.

Wenn du dich ständig im Denkrahmen nur des Egos bewegst, wird selbst dein Zeugesein zu einer Krankheit. Dann wird deine Meditation zu einer Krankheit, wird Religiosität zu einer Krankheit.

Mit dem Ego wird alles zu einer Krankheit. Das Ego ist der große Stolperstein in deinem Wesen. Es ist der Dorn im Fleisch, der ständig schmerzt. Es ist wie eine Wunde.

Was ist zu tun? Wenn du zu beobachten versuchst, ist das Erste: Konzentriere dich auf ein Objekt, nicht auf das Subjekt. Beginne mit dem Objekt – Konzentration: Betrachte einen Baum, schau auf den Baum. Du bist dabei unnötig, vergiss dich selbst. Deine Anwesenheit will sich ständig einmischen, wenn du das grüne Laub, den Baum, die Rose erleben willst. Lass aber nur die Rose da sein und vergiss dich selbst. Habe nur die Rose im Fokus. Nur sie ist da, aber kein Subjekt, nur das Objekt. Das ist der erste Schritt.

Dann der zweite Schritt: Lass die Rose weg; gib den Fokus auf die Rose auf und fokussiere dich auf das Wahrnehmen der Rose – aber ohne Subjekt. Nur auf das Gewahrsein, dass du beobachtest, dass Beobachtung geschieht.

Erst dann der dritte Schritt: Er führt dich zu dem, was Gurdjieff »Selbst-Erinnern« nennt, was Krishnamurti »Gewahrsein« nennt, was die Upanischaden das »Zeugesein« nennen.

Wenn die ersten beiden Schritte erfüllt wurden, ist der dritte ganz einfach. Beginne aber nicht gleich beim dritten Schritt – zuerst das Objekt, dann das Gewahrsein, dann das Subjekt.

Sobald das Objekt losgelassen wurde und der Fokus auf dem Gewahrsein keine Anstrengung mehr darstellt, ist das Subjekt da, aber ohne Subjektivität. Du bist anwesend, aber ohne »Ich«, nur reines Sein. Du *bist*, aber ohne das Gefühl von »Ich bin«. Das begrenzte »Ich« ist verschwunden; nur noch »bin« oder »Seinsheit« existiert. Diese Seinsheit ist göttlich. Gib das »Ich« auf und *sei*.

Wenn du schon länger das Zeugesein geübt hast, gib es eine Zeitlang – mindestens drei Monate – ganz auf; bemühe dich nicht mehr darum. Dein altes Verhaltensmuster könnte sonst wieder zurückkommen und das neue Gewahrsein trüben. Pausiere also für drei Monate und übe stattdessen kathartische Techniken – die Dynamische, Kundalini, Nataraj – jene aktiven Meditationen, bei denen der

Schwerpunkt auf einem *Tun* liegt, das wichtiger ist. Tanze – so total, dass nur der Tanz wichtig ist, nicht der Tänzer. Der Tänzer sollte sich völlig im Tanz verlieren. Unterbreche also für drei Monate das Zeugesein und gehe in aktiven Meditationen auf. Das ist etwas ganz anderes: Völlig in einer Sache aufzugehen bedeutet, sich selbst zu vergessen. Dafür sind Tanzen und Singen gut geeignet – vergiss dabei dich selbst! Bleibe nicht distanziert und davon getrennt. Wenn du so tanzen kannst, dass der Tänzer verschwindet und nur noch der Tanz übrig bleibt, erlebst du eines Tages, dass auch das Tanzen verschwunden ist. Und dann waltet ein Gewahrsein, das nicht vom Verstand und nicht vom Ego rührt. Ein solches Gewahrsein lässt sich nicht antrainieren. Dafür muss etwas anderes als Vorbereitung getan werden, sodass sich dieses Gewahrsein einstellt. Du musst erst dafür offen werden.

## DIE METHODE
### OSHO Nataraj Meditation

Nataraj ist die Energie des Tanzes. Hier wird der Tanz zur totalen Meditation, in der sich alles innere Getrenntsein auflöst und ein subtiles, entspanntes Gewahrsein übrig bleibt.

Diese Meditation wird zur speziellen Musik der OSHO Nataraj Meditation durchgeführt, welche die verschiedenen Phasen anzeigt und energetisch unterstützt. Nähere Details findest du im Abschnitt »Weitere Informationen« im hinteren Teil des Buches.

**Diese Meditation dauert 65 Minuten und hat drei Phasen.**

ERSTE PHASE: **40 Minuten**
Tanze mit geschlossenen Augen, als wärst du besessen. Überlasse dich ganz dem Unbewussten. Kontrolliere nicht deine Bewegungen und versuche nicht, Zeuge zu sein von dem, was geschieht. Sei einfach total im Tanz.

ZWEITE PHASE: **20 Minuten**
Halte die Augen geschlossen und lege dich sofort hin. Bleibe völlig still und unbeweglich liegen.

**DRITTE PHASE: 5 Minuten**
Tanze, um zu feiern, und genieße es in Freude.

# ERWECKUNG DER SINNE – SEHEN

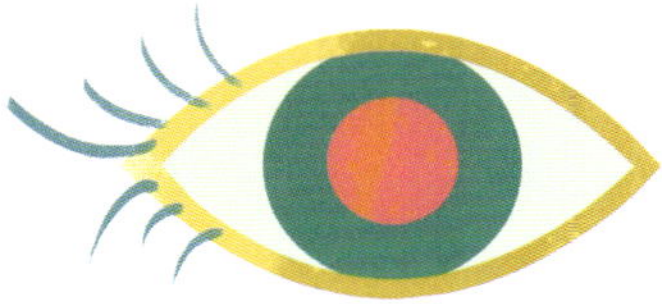

Wenn du wirklich die Wahrheit erkennen willst, können Schriften dir nicht helfen, und auch kein Rückzug in den Himalaja. Nur eines kann helfen: Beginne die Dinge zu sehen, ohne dabei zu denken. Betrachte eine Blume und lasse nicht zu, dass das Denken sich einmischt. Sieh die Blume einfach nur an. Das ist schwierig, weil du gewohnt bist, alles zu interpretieren. Du interpretierst ständig, und Interpretationen ändern sich. Sie beruhen auf dem Denken.

Wie du etwas siehst, hängt von *dir* ab, nicht von den Dingen. Solange du den interpretierenden Verstand nicht ausschaltest und direkt und unmittelbar zu sehen anfängst, kommt dir der Verstand in die Quere. Er verzerrt alles und präsentiert dir ständig einen Mischmasch von Interpretationen. Du siehst nichts ungetrübt.

Der einzige Weg, zur Wahrheit zu gelangen, besteht darin, unmittelbar sehen zu lernen, ohne die Hilfe des Verstandes. Diese Einmischung des Denkens ist das Problem, denn der Kopf kann nur Träume erzeugen. Der Verstand fabriziert schöne Träume, die dich begeistern. Und in deiner Aufregung hältst du den Traum für die Wirklichkeit.

Wenn du in Aufregung gerätst, bist du berauscht und nicht mehr bei Sinnen. Dann ist alles, was du siehst, deine Projektion.

Es gibt so viele Welten, wie es Köpfe gibt, und jeder lebt in seiner eigenen Welt. Über die Dummheit anderer kannst du lachen, aber solange du nicht über die eigene Dummheit zu lachen beginnst, wird aus dir nie ein natürlicher Mensch, ein Mensch des Tao, ein Mensch der Wahrheit. Was ist also zu tun?

Versuche bei Kleinigkeiten, den Verstand nicht einzuschalten. Schau dir eine Blume an – sieh einfach hin. Sage nicht: »Schön! Hässlich!« Sag gar nichts. Gebrauche keine Worte, verbalisiere nicht. Schau einfach nur hin. Der Verstand wird sich unbehaglich fühlen, unsicher. Der Kopf will etwas dazu sagen. Sag ihm einfach: »Sei still! Lass mich sehen. Ich will einfach nur schauen.«

Am Anfang wird es schwierig sein, aber fange mit Dingen an, die dich nicht zu sehr tangieren. Es wird schwierig sein, deine Frau anzusehen, ohne Worte ins Spiel zu bringen. Du bist zu verwickelt, emotional zu stark identifiziert. Ob verärgert oder verliebt – in jedem Falle allzu sehr involviert.

Betrachte Dinge, die neutral sind – einen Stein, eine Blume, einen Baum, die aufgehende Sonne, einen Vogel im Flug, eine Wolke am Himmel. Betrachte solche Dinge, mit denen du nicht verwickelt bist, bei denen du distanziert bleiben kannst, die dich gleichgültig lassen. Fange mit neutralen Dingen an und gehe dann allmählich zu emotional aufgeladenen Situationen über.

Die Leute beginnen gleich mit belasteten Situationen, und sie scheitern, weil es nahezu unmöglich ist. Entweder man liebt seine Frau oder man hasst sie, dazwischen ist nichts. Wenn du liebst, bist du verrückt, ebenso, wenn du hasst – in beiden Fällen fliegen Worte. Ohne Worte auszukommen ist schwer, beinahe unmöglich, weil ihr im

ständigen Reden geübt seid. Ob wach oder im Schlaf: Wenn du emotional sehr verwickelt bist, ist es schwer, den Kopf beiseite zu tun. Er funkt dazwischen. Bleibe zunächst bei Situationen, die unverfänglich sind. Erst wenn du dir zutraust, bestimmte Dinge ohne den Kopf anzuschauen, probiere es in Problembeziehungen.

Nach und nach wird es gelingen. Es ist wie beim Schwimmen: Anfangs bist du ängstlich und kannst dir nicht vorstellen, wie du es überleben sollst. Du arbeitest schon so lange mit dem Verstand, dass du dir nicht vorstellen kannst, auch nur für einen Moment ohne ihn auszukommen. Aber versuch's!

Je mehr du den Kopf weglässt, umso mehr Licht erlebst du, denn wenn die Träume verschwinden, sind die Türen offen, die Fenster offen, und der Himmel kann dich erreichen, die Sonne geht auf und kommt in dein Herz. Das Licht erreicht dich.

Die Wahrheit wird dich immer mehr erfüllen, je weniger du mit Träumen angefüllt bist.

## IDENTIFIKATION
### Das Grundproblem

Die Dinge verändern sich ständig im Außen.
Du sollst sie widerspiegeln,
du sollst sie reflektieren,
aber denke daran, dass der Spiegel immer gleich bleibt.
Das Spiegeln verändert nicht den Spiegel.
Sei nicht identifiziert mit dem, was du spiegelst.
Denke daran, dass du der Spiegel bist –
das ist mit Zeugesein gemeint.
Und Zeugesein ist Meditation.

Lie-Tse führte Po-Hun Wu-Jen sein Können im Bogenschießen vor. Als der Bogen in voller Länge gespannt war, stellte man eine Tasse Wasser auf seinen Ellbogen, und er begann zu schießen. Sobald der erste Pfeil losflog, ruhte schon ein zweiter auf der Sehne, und ein dritter folgte.

In der Zwischenzeit stand er unbeweglich wie eine Statue.

Po-Hun Wu-Jen sagte: »Deine Technik beim Schießen ist perfekt, aber nur eine Technik. Äußerlich stehst du da wie eine Statue. Nun lass uns einen hohen Berg besteigen und auf einem Felsvorsprung über einem Abgrund stehen, und dort versuchst du zu schießen.«

Sie bestiegen einen Berg. Auf einem Felsvorsprung über einem tausend Fuß hohen Abgrund stehend, trat Po-Hun Wu-Jen zurück, bis ein Drittel seiner Füße über den Felsen hinausragte.

Dann winkte er Lie-Tse nach vorne. Lie-Tse fiel zu Boden, und der Schweiß lief an ihm herunter bis zu den Fersen.

Po-Hun Wu-Jen sagte: »Der vollkommene Mensch erhebt sich weit über den blauen Himmel oder taucht hinab zu den gelben Quellen, oder er streift überall umher, bis zu den acht Grenzen der Welt, doch zeigt er keine Zeichen der Veränderung in seinem Geist. Du aber verrätst Zeichen der Beklommenheit, und dein Blick wirkt verstört. Wie kannst du erwarten, das Ziel zu treffen?«

## DIE METHODE

### Finde deine Meditation

Alles, was dich zu dir selbst führt, ist Meditation. Und es ist enorm wichtig, deine eigene Meditation zu finden, denn im Finden selbst wirst du große Freude finden. Und weil du sie selbst entdeckt hast – und es kein dir auferlegtes Ritual ist –, wirst du sie liebend gern tiefer erfahren wollen. Je tiefer du hineingehst, umso glücklicher wirst du dich fühlen – friedlich, mit mehr Stille, mehr Gefasstheit, mehr Würde, mehr Anmut.

Ihr wisst alle, wie man beobachtet, das müsst ihr nicht lernen. Jetzt geht es nur darum, das Objekt der Beobachtung zu wechseln. Bringe diese beiden Dinge näher zusammen.

Wenn du den Körper beobachtest, wirst du überrascht sein: Ich kann meine Hand bewegen, ohne es zu beobachten – oder ich kann es beobachten, während ich meine Hand bewege. Du kannst den Unterschied nicht sehen, aber ich spüre ihn. Wenn die Hand achtsam bewegt wird, hat es Anmut und Schönheit, Gelassenheit und Stille. Du kannst beim Gehen jeden Schritt beobachten; es wird dir alle Vorteile des Gehens bringen und ist eine großartige, einfache Meditation.

# SO WIRD DIE NATUR
## zu deiner Meditation

Denke an diese Dinge: die schneegekrönten, sonnenbestrahlten Gipfel der Berge, die jungfräuliche Stille der Berge, den Klang des fließenden Wassers, das Säuseln des Windes in den Bäumen. Wenn du daran denkst, weckt es in dir die Erinnerung an das Göttliche. Sinne darüber nach.

Eines der größten Probleme, denen sich der Mensch heute gegenübersieht, ist seine künstliche Welt. Nun ist er umgeben von seinen eigenen Schöpfungen – Gebäuden, Straßen, Technik, allem, was er gemacht hat – und es ist von ungeheurem Wert. Ich bin für all diese Dinge, aber sie erinnern ihn nicht an Gott; das können sie nicht. Sie erinnern ihn nur an sein Ego, und dass er der Macher, der Schöpfer von dem allen ist. Und so verliert er allmählich die Verbindung zur Natur. Doch die Natur ist der göttliche Tempel.

Wenn du ein Gemälde siehst, erinnert es dich an den Maler. Wenn du Musik hörst, erinnert sie dich an den Musiker.

Die Natur muss zu deiner Meditation werden. Gehe zum Fluss, sitze neben einem Baum, einem Rosenstrauch und öffne dich ganz für die Natur. Allmählich steigt ein großes Erinnern in dir auf. Das Göttliche ging nicht verloren, es geriet in Vergessenheit. Es bedarf keiner Suche nach Gott, nur des Wiedererinnerns. Aber wie? Sieh das Leben, das Wachsen, die Bäume … Ein Bauwerk aus Beton und Zement wächst nicht. Es ist kein Leben in ihm, es ist von Anbeginn tot. Denke an die Dinge, die wachsen, denn Gott ist nichts anderes als das Prinzip des

Wachsens in der Existenz. Gott ist die göttliche Evolution in der Existenz, das ewige Wachstum. Zu verstehen, was Wachstum bedeutet, ist das Wichtigste im Leben. Wirklich religiös ist der Mensch, der von diesem mysteriösen Phänomen, das wir Wachstum nennen, fasziniert ist.

Aus einem Samen wird ein Keim, der weiterwächst. Es ist das größte Wunder, das jeden Tag passiert. Eine Frau wird schwanger, und neues Leben beginnt in ihr zu wachsen. Wo Wachstum ist, gibt es Leben, und überall, wo es Leben gibt, ist Gott. Gott ist ein anderer Name für das Leben. Sooft du die Zeit findest, suche die Verbindung zur Natur, komme ihr ganz nah – dann wird sie zu deiner Meditation. Sogar in der Vorstellung ist es äußerst hilfreich. Denke beim Einschlafen an die Berge, sei dort oben in den Bergen. Beim Einschlafen erinnere dich an die Flüsse, die Bäume, die Rosen, dann wirst du bald auch im Schlaf eine Veränderung erleben – dein Schlaf wird erfüllt sein vom Göttlichen!

Sich mit der Natur zu verbinden ist der beste Weg, sich des Göttlichen gewahr zu sein – alles andere ist ein schlechter Ersatz.

## DIE METHODE
### Öffnung des Herzens

Um dein Herz zu öffnen, musst du nichts Spezielles tun, denn das Herz ist ein sehr feines, empfindsames Phänomen. Sobald du anfängst, etwas zu tun, um es zu öffnen, wird es sich verschließen. Das wäre so, als würdest du die Blütenblätter einer Rose zwingen, sich zu öffnen. So geht das nicht; es würde die Blüte zerstören.

Beim Herzen kann man nicht direkt vorgehen, man muss es indirekt tun. Man muss besonders zart damit umgehen – nicht grob, ganz sanft. Höre Musik, geh so oft wie möglich in die Natur, sei mit den Bäumen, Vögeln, Tieren. Betrachte des Nachts die Sterne. Singe, tanze. Das sind indirekte Wege – du unternimmst also nichts Direktes, um das Herz zu öffnen. Sei liebevoll und freundlich, auch zu Fremden. Das sind alles indirekte Wege. So kannst du dein sich öffnendes Herz nähren.

Tue alles, was dir hilft, empfindsamer zu werden, aber anstatt es direkt anzugehen: Tanze, singe, mache Musik!

# WERDE LIEBE, WERDE LICHT

Die Realität ist ein Netz aus Liebe und Lichtstrahlen, eine Synthese von Liebe und Licht.

Wenn du wissenschaftlich vorgehst, findest du nichts als Licht, ein Netzwerk von Licht und Strahlen. Wenn du auf religiöse Weise vorgehst, findest du ein Netzwerk von Liebesenergie.

Das Leben ist eins. Du kannst es auf zwei Arten interpretieren: als Licht oder als Liebe, je nachdem, welchen Ansatz du wählst. Wenn du wissenschaftlich herangehst, findest du als höchste Ebene der Realität das Licht. Wenn du mit Herz herangehst, nicht mit Logik, sondern Intuition, nicht mit Vernunft, sondern irrational … wenn du andächtig statt kalkulierend herangehst, wirst du über dieselbe Realität stolpern.

Die Realität ist eins, aber du wirst sie als Liebe interpretieren. Und es ist besser, beide Sichtweisen zu verstehen – mit einer Gesamtschau, einer vollständigen Vision.

Versuche also, es von beiden Seiten zu verstehen. Manchmal näherst du dich deiner inneren Realität als Lichtphänomen: Stell dir vor, du bist nichts als Licht. – Oder du näherst dich deiner inneren Pforte als Liebe. Wenn du allein bist, denke dich als Licht; wenn du mit anderen zusammen bist, denke dich als Liebe. Bist du allein, dann suche die Realität durch die Meditation des Lichtes.

Bist du allein, dann werde zu Licht – der Weg der Meditation. Bist du in Beziehung mit anderen, werde zu Liebe – der Weg der Andacht. Trachte danach, die Realität von beiden Seiten her zu erfassen. Ein Weg allein ist einseitig. Die andere Seite auszublenden ist unnötig; auch sie birgt eine große Schönheit. Dich selbst als Licht wahrzunehmen – als unendliche, sich kreuzende Wellen von Licht, Strahlen von Licht – ein wunderbares Netz aus nichts als Licht … Das ist unfassbar schön. Einfach fantastisch!

Viele Menschen gelangen durch eine solche Erfahrung zur Realität. Es ist aber nur die eine Hälfte, nur der eine Aspekt der Wahrheit. Und wer sich darauf beschränkt, dem fehlt etwas.

Ein solcher Mensch wird sich sehr distanzieren, wird Beziehung scheuen. Er wird zu einem Weltflüchtigen, der Beziehungen aus dem Weg geht.

Er hat Angst vor Beziehungen, weil ihm in Beziehung die unglaubliche Erfahrung des Lichts verloren geht.

Sie stellt sich nur ein, wenn du allein bist – unendlich allein und ungebunden – nur dann geschieht sie. Es ist eine beziehungslose Erfahrung. Und aus diesem Grund haben Buddhisten und Jainas der Welt entsagt und weltlichen Beziehungen abgeschworen. *Liebe* wurde zu einem gefährlichen Wort. Das Gleiche passierte bei den Christen, obwohl Jesus ständig sagt: »Gott ist Liebe.« Demnach hätte das nicht passieren dürfen – aber es passierte!

Der menschliche Verstand neigt dazu, zu wählen. Sich für das Ganze zu entscheiden, ist schwierig, weil man wahlfrei bleiben müsste, der Verstand jedoch immer eine Seite des Ganzen wählt. Sobald man sich für eine Seite entscheidet, verleugnet man die andere. So entsteht Angst davor, weil es die erste Erfahrung in Gefahr bringen würde. Man muss sich also davor schützen.

Sufis und andere, die den Weg der Hingabe gehen, gelangen zur Erfahrung der Realität durch den anderen Aspekt: durch Liebe, Andacht, Gefühle, das Herz. Sie bekommen Angst vor dem Licht, weil es ihre Liebe, ihre Beziehungen gefährden könnte. Mein ganzes Bemühen läuft auf eine höhere Synthese hinaus, damit ihr die Realität auf so vielen Wegen wie nur möglich erfahren könnt.

Versteife dich also nicht auf eine partielle Sicht. Bleibe offen, auch für das Gegenteil. Bleibe offen, auch für den Widerspruch. Wer sich für Widersprüche offen hält, kann fließend von einer Seite zur anderen wechseln. Auf diese Weise verabschiedet sich der Ego-Verstand, weil er im wahlfreien Gewahrsein nicht überleben kann. Darum höre auf, zwischen den beiden Polen zu wählen.

Wenn du mit anderen in Beziehung trittst, werde Liebe. Bist du allein, werde Licht. Gehe spielerisch mit beiden Erfahrungswelten um, dann wird sich bald eine Synthese einstellen. Und genau diese Synthese ist das Leben – eine Synthese von Licht und Liebe.

Dies sind die drei wichtigsten L's: Liebe, Licht, Leben.

DIE METHODE

## Sei erfüllt von Liebesenergie

Sieh diese Methode als einen Prozess mit dir selbst: Löse dich in liebevoller Energie auf, werde zu Liebesenergie – nicht verliebt in etwas Bestimmtes, sondern ein Liebesempfinden für alles und jeden … sogar für nichts! Nicht um ein Liebesobjekt geht es also, sondern um überfließende, sich verströmende Liebesenergie.

Wenn du still in deinem Zimmer sitzt, fülle den ganzen Raum mit Liebesenergie; erzeuge um dich herum eine Aura von Liebe. Und ich sage das, weil du das *kannst*. Ich gebe dir nur Dinge, von denen ich sehe, dass sie möglich sind. Ich verlange von dir nichts Unmögliches – niemals! Ich weise nur auf etwas hin, das auf ganz natürliche Weise

geschehen kann. Es ist dir leicht möglich, Liebe zu werden. Mache es zu deinem Gebet, zu deiner Meditation.

Wenn du Bäume siehst, empfindest du Liebe für die Bäume, wenn du die Sterne siehst, liebst du die Sterne. Du *bist* Liebe, das ist alles. Wo immer du gerade bist: Schütte deine Liebe aus: auch über Steine – und wenn du Steine mit Liebe überschüttest, sind selbst Steine keine Steine mehr. Liebe ist ein solches Wunder, eine Magie, die alles in das Geliebte verwandelt. Du wirst zu Liebe, und die Existenz wird zum Geliebten, die ganze Existenz wird göttlich.

Die Menschen suchen und streben nach Gott, ohne sich selbst in Liebe zu verwandeln. Wie können sie da Gott finden? Sie haben nicht die nötige Ausstattung, den nötigen Kontext und inneren Raum. Generiere Liebe und vergiss Gott. Eines Tages begegnet dir plötzlich überall das Göttliche.

## AKZEPTIERE DICH, WIE DU BIST
### Und entspanne dich damit!

Das Ziel allen religiösen Strebens liegt darin, einen Zustand des Friedens im Menschen herzustellen. In der Regel seid ihr ständig aufgewühlt, in einem inneren Konflikt, im Bürgerkrieg mit euch selbst – und der Krieg geht immer weiter, zerstört euer ganzes Leben, raubt euch alle Energie. Dieser Krieg muss aufhören.

Die sogenannten organisierten Religionen haben sich nicht als hilfreich erwiesen. Im Gegenteil, sie haben diesen inneren Konflikt ständig geschürt, ihn chronisch gemacht, wie ein Krebsgeschwür – dadurch, dass sie Schuldgefühle erzeugt haben. Jeder ist gespalten in ein niederes und ein höheres Wesen, in Gut und Böse. Und wer gespalten ist, steht unweigerlich in einem Konflikt mit sich selbst, den man weder gewinnen noch verlieren kann. Gefangen in einer Vorhölle, wo man kämpft und kämpft, gibt es weder Sieg noch Niederlage. Nichts kommt dabei heraus, außer Frustration und Langeweile. So ist es der ganzen Menschheit ergangen.

Das ist nicht der Weg der Buddhas. Egal, ob der Buddha nun Gautama Siddhartha oder Jesus Christus oder Zarathustra oder Laotse heißt – es spielt keine Rolle, wer der Erwachte ist. Alle Erwachten wollten im Menschen keinen Konflikt erzeugen.

Und das ist auch mein Weg: Ich möchte, dass du dich selbst liebst, denn nur durch diese Liebe kehrt in dir Frieden ein. Ich möchte, dass du dich in deiner Ganzheit akzeptierst, genauso,

wie du bist. Das heißt nicht, dass du nicht weiterwachsen wirst. Im Gegenteil, sobald du dich selbst annimmst, wie du bist, findet eine große Explosion in dir statt, denn die Energie, die im Konflikt gebunden war, wird frei und steht dir nun zur Verfügung. Das macht dich stark, macht dich intelligenter, macht dich wacher, macht dich lebendiger. Es bringt erst die Seele in dir hervor.

Das ist also deine erste Lektion: Anerkenne dich selbst, liebe dich selbst. Gib die Schuldgefühle auf, spalte dich nicht. Es gibt nichts Höheres, nichts Niedrigeres – alles an dir ist göttlich. Das Niedrigste ist so göttlich wie das Höchste, Materie so göttlich wie das Bewusstsein. Materie ist *ein* Aspekt von Gott, Bewusstsein ein anderer. Es gibt kein Niedriger und Höher, keinerlei Hierarchie.

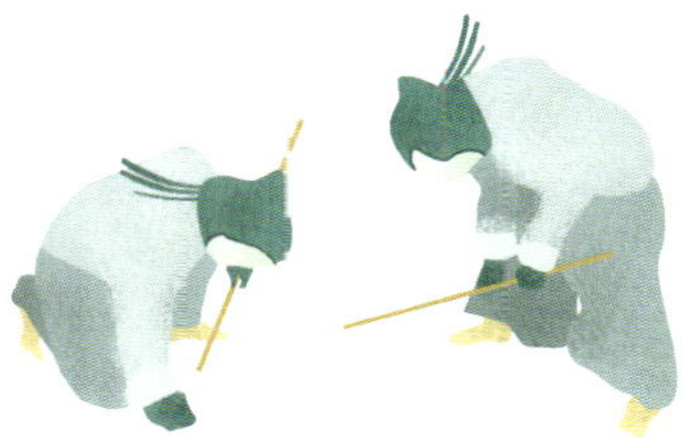

Allein schon durch das Verstehen dieser Tatsache kehrt plötzlich ein großer Frieden in dir ein. Und mit diesem Frieden beginnt ein radikaler Wandel, eine Revolution, eine Wiedergeburt.

## DIE METHODE
### Geh entspannt schlafen

»Ich spüre eine gewisse Rastlosigkeit, besonders in den Armen. Es fühlt sich an, als müsste ich meine Energie abarbeiten. Wie kann ich diese Rastlosigkeit beruhigen?«

Setze dich jeden Abend in einen Sessel und lehne den Kopf zurück, wie beim Zahnarzt. Du kannst ein Kissen verwenden, um eine gute Ruheposition zu erreichen. Entspanne den Unterkiefer, so dass der Mund leicht geöffnet ist, und dann beginne durch den Mund zu atmen, nicht durch die Nase. Der Atem sollte aber unverändert und natürlich bleiben. Die ersten paar Atemzüge sind vielleicht ein bisschen hektisch, beruhigen sich aber nach und nach. Der Atem wird flach und geht sanft ein und aus; so sollte es sein. Halte den Mund geöffnet, die Augen geschlossen, und komm zur Ruhe. Fang an, ein Gefühl zu haben, als würden sich deine Beine von dir lösen, als würden sie dir abgenommen, an den Gelenken getrennt.

Und dann fange an, dir vorzustellen, dass du nur noch aus deiner oberen Körperhälfte bestehst – die Beine sind weg.

Als Nächstes die Hände: Stelle dir vor, dass beide Hände und Arme sich lösen und abgenommen werden. Vielleicht kannst du innerlich eine Art Klicken hören, wenn sie wegbrechen. Nun bist du ohne Arme – sie sind tot, nicht mehr da. Nur der Torso ist noch übrig. Dann geh gedanklich zum Kopf – auch er bricht weg und wird weggenommen. Lass ihn los, egal, wohin er sich dreht – nach links oder rechts, du kannst nichts tun. Lass ihn einfach los; er ist nicht mehr da. Jetzt hast du nur noch deinen Torso.

Fühle, was noch von dir übrig ist: die Brust, der Bauch, sonst nichts. Tue das mindestens zwanzig Minuten lang und lege dich dann schlafen. Mache es täglich mindestens drei Wochen lang.

Dein Körper ist nicht im Lot; die Energie ist nicht richtig verteilt. Indem du dich als von all diesen Teilen abgetrennt erlebst, bleibt nur das Wesentliche übrig. Dort sammelt sich die ganze Energie. Der zentrale Bereich entspannt sich, und die Energie strömt von dort wieder in die Beine, die Hände, den Kopf – überallhin, mehr ausgeglichen. Sie muss sich neu verteilen. Manche Teile erhalten mehr Energie, andere weniger, darum spürst du, dass etwas nicht im Gleichgewicht ist. Offenbar fließt mehr Energie in deine Hände als anderswohin. Deine Hände wollen etwas tun, sonst wirst du gereizt. Die Hände werden aggressiv, wenn zu viel Spannung darin ist; wenn sie nichts zu tun haben, wollen sie etwas kaputt machen. Entweder sie erschaffen oder zerstören etwas. Es wäre gut, etwas mit den Händen zu kreieren, sonst könntest du destruktiv werden. Also probiere es mal drei Wochen lang mit dieser Methode.

## DEN ATEM GEZIELT EINSETZEN

»Wie soll man den Atem beobachten,
wenn er nicht zu sehen und nur zu spüren ist?«

Beobachten muss nicht Sehen bedeuten, es kann auch ein Spüren sein. Im Grunde muss es ein Spüren sein, denn wie könntest du den Atem sehen? Du fühlst seine Berührung. Du kannst es spüren, wenn die Atemluft strömt. Es geht also nicht um das Sehen.

Es geht darum, achtsam zu sein: wie der Atem hereinkommt, den innersten Kern deines Wesens berührt, wie er innehält und dann wieder zurückfließt. Dieses Ebben und Fluten. Wenn alle Luft raus ist, ganz entwichen ist, kommt erneut das Innehalten, und schließlich die Rückkehr – der ganze Kreislauf: das Hereinkommen, Hinausgehen, Hereinkommen, Hinausgehen. Darauf zu achten und es zu spüren, das bedeutet Achtsamkeit. Man sollte vor allem das Fühlen nicht verpassen. Wenn du dies jeden Tag eine Stunde lang tust, wird es dein ganzes Leben verändern.

Wichtig ist: Wenn du nicht den Atem änderst, findet in dir keine chemische Veränderung statt. Da liegt der Unterschied zwischen Patanjali und Buddha: Die Yogatechniken, wie Patanjali sie lehrt, verändern deine Körperchemie; Buddhas Technik rührt überhaupt nicht an deiner Chemie. Du atmest völlig natürlich, beobachtest einfach, wie der Atem kommt und geht, spürst es, siehst es. Beim Ein- und Ausatmen bleibst du achtsam, das ist alles. Verändere nichts. Lass alles, wie es ist. Füge nur eines hinzu: bleibe Zeuge.

Schon eine Stunde täglich – und dein Leben wird sich komplett transformieren – und ohne dass die Körperchemie verändert wird. Du wirst zur transzendenten Erfahrung, zu einem transzendenten Bewusstsein. Nicht, dass dir Buddhas erscheinen – du selbst wirst zu einem Buddha. Nur darum geht es. Buddhas zu sehen ist völlig bedeutungslos – nur, ein Buddha zu werden hat Bedeutung ...!

## EINE METHODE,
mit Chaos und Verwirrung umzugehen

»Seit ich zu meditieren anfing, ist die Verwirrung in mir noch größer geworden. Was passiert da?«

Das ist ein gutes Zeichen. Es passiert etwas – nur dann wird man verwirrt, völlig durcheinandergebracht, sonst nicht. Wenn du so weiterlebst wie bisher, hast du eine Klarheit – nicht die Klarheit, von der ich rede, aber eine gewisse Klarheit. Du folgst einfach den alten Gewohnheiten, den alten Mustern, und es läuft glatt.

Wenn du mit jemandem wie mir in Kontakt kommst, und wenn der Kontakt wirklich zustande kommt, wirst du dich verwirrt und durcheinander fühlen, weil etwas Neues begonnen hat, aber das Alte noch da ist. Du wirst zögern, schwanken, ob du mit dem Alten weitermachen oder in das Neue hineinspringen sollst. Alles wird zu einem Chaos – und das ist ein gutes Zeichen.

Mein ganzes Bemühen besteht darin, dir zu helfen, an einen kritischen Punkt zu kommen, wo du dich entweder für die Zukunft entscheiden und dabei die ganze Vergangenheit aufs Spiel setzen musst – oder dich der Zukunft verschließt, um in der Komfortzone des Altbekannten zu bleiben. Das verwirrt dich. Habe also keine Eile, die Dinge in Ordnung zu bringen. Lass die Verwirrung bis an die Wurzeln deines Seins gehen; du wirst dich geteilt, deutlich in zwei Teile getrennt fühlen. Am Anfang fühlt es sich fast an, als würdest du schizophren, gespalten, aber diese Spaltung ist nötig. Sobald du beschließt, die Vergangenheit an den Nagel zu hängen, wird deine Verwirrung verschwinden, und Klarheit stellt sich ein.

Warte einfach ab, beobachte. Lass deine Verwirrung zu. Du musst nichts klären, nichts verstehen. Was auch immer du jetzt tust, wird nichts bringen. Beobachte einfach. Dies ist eine große Wegscheide. Der Weg, den du bisher gegangen bist, wird nicht mehr der Weg sein, den du in Zukunft gehen wirst. Du stehst an einer Wegkreuzung. Eine große Entscheidung, ein Moment der Entscheidung erzeugt in dir zwangsläufig viel Aufruhr. Nimm es einfach wahr. Im Moment brauchst du nichts zu unternehmen.

Du kannst die folgende Meditation fünfzehn Tage lang üben, jeden Abend vor dem Schlafengehen:

### Erster Schritt

Setz dich ganz entspannt auf dein Bett und mach die Augen zu. Fühle, wie der Körper sich entspannt. Wenn der Körper sich nach vorne lehnen will, lass es zu. Vielleicht möchte er in der Fötusposition liegen, wie ein Kind im Mutterleib. Wenn du dich danach fühlst, begib dich in diese Stellung und werde zum Kind im Bauch der Mutter.

### Zweiter Schritt

Lausche deinem Atem, das ist alles. Höre einfach zu – wie es einatmet, ausatmet, einatmet, ausatmet. Ich sage nicht, dass du mitdenken und es innerlich sagen sollst – fühle nur, wie die Luft kommt und wie sie beim Ausatmen wieder geht.

Spüre es einfach nur, und dabei nimmst du eine ungeheure Stille wahr, und Klarheit stellt sich ein.

Tu das zehn bis zwanzig Minuten lang – mindestens zehn, höchstens zwanzig – und dann überlasse dich dem Schlaf.

**Übe diese Praxis fünfzehn Tage lang.**
Und was deine Verwirrung angeht: Lass die Dinge wie von selbst geschehen, als wärst nicht du der Handelnde. Sei fünfzehn Tage dabei wie tot. Das ist nötig, damit die Frucht reifen kann und von selbst abfällt. Unternimm also nichts, ändere nichts, bringe nichts in Ordnung. Stelle dich einfach tot für diese Verwirrung.

## DEN MÜLL IM KOPF AUSLEEREN

Wenn du Entspannung suchst, musst du zuerst eine Katharsis durchlaufen. Ein solch kathartischer Prozess ist »Gibberish«.

Vermutlich weißt du nicht, woher dieses Wort *Gibberish* stammt. Es kommt von einem Sufi-Mystiker, der Jabbar hieß – und dies war seine einzige Meditation. Jedem, der zu ihm kam, sagte er: »Setz dich hin und fang an!«, und die Leute wussten schon, was er meinte. Er sprach nie, hielt keine Reden. Er brachte den Leuten nur *Gibberish* (»Brabbeln«) bei. Manchmal gab er eine Vorführung: Er redete eine halbe Stunde lang nur Kauderwelsch, allen möglichen Unsinn in einer Sprache, die niemand verstand.

Es war keine richtige Sprache, nur Gebrabbel. Trotzdem hatte er Tausende Schüler, denen er sagte: »Euer Verstand ist nichts als Gebrabbel. Werft es raus, dann bekommt ihr einen Geschmack von eurem Sein.« So verhalf Jabbar vielen zu vollkommener Stille. Wie lange kann man so weitermachen? Der Geist wird leer, nach und nach stellt sich ein tiefes Nichts ein – und mittendrin ist die Flamme der Bewusstheit. Sie ist immer da, umgeben von deinem Gebrabbel. Dieser Müll muss entsorgt werden – er vergiftet dich.

## DIE BRABBEL-METHODE

### Wirf die Spannungen des Geistes raus

Um *Gibberish* zu verwenden, sage nichts Sinnvolles und benutze keine Sprache, die du auch nur irgendwie beherrschst.

Verwende Chinesisch, wenn du kein Chinesisch kannst. Verwende Japanisch, wenn du kein Japanisch kannst. Verwende kein Deutsch, wenn du Deutsch kannst.

Nimm dir jede Freiheit – so wie die Vögel sie haben.

Lass einfach alles zu, was dir in den Sinn kommt, und kümmere dich nicht um Logik, Vernunft, Sinnhaftigkeit, Bedeutung, Sinn – mache es den Vögeln nach.

Lass Sprache und Verstand völlig beiseite.

Setz dich still in dein Zimmer und fang an, mit den Wänden zu reden, aber quäle damit nicht andere Leute. Sprich mit den Wänden – mache *Gibberish*.

Jeder Mensch sollte lernen, wie *Gibberish* geht. Die Welt wird gesünder, wenn man sich in sein Zimmer setzt und eine Stunde laut spricht, zu niemand Bestimmtem. Am Anfang sieht es verrückt aus – ist es auch! Doch du wirst viel Hitze und Dampf ablassen können, und nach einer Stunde fühlst du dich wunderbar still.

Und es wäre unmenschlich, anderen dein Geschwafel aufzuzwingen – denn das kann man machen. Dann hat ein anderer Schwierigkeiten, weil ihm alles, was du ihm gesagt hast, im Kopf herumschwirrt und er sich ebenfalls jemanden suchen muss, und so weiter …
So wird ein Problem, das man leicht hätte lösen können, zu einem Weltproblem! Du bist dann längst nicht mehr da, aber der Müll, den du anderen in den Kopf gesetzt hast, geht noch jahrhundertelang weiter! Und das nimmt nie ein Ende – man kann keinen Schlussstrich darunterziehen.

Wenn du deinen Müll rauswerfen willst, achte bitte darauf, ihn keinem anderen Menschen überzubraten. Die Leute haben schon ihren eigenen Müll, und es ist so viel; füge nicht noch mehr hinzu!

Aber du kannst auch zum Fluss gehen und mit ihm reden. Der Fluss hört nicht zu, also ist es kein Problem. Der Fluss wird nicht verrückt. Du kannst zu einem Baum gehen und mit ihm reden, kannst mit den Sternen reden oder mit den Wänden – das ist in Ordnung. Und wenn du meinst, es sei allzu verrückt, dann schreib es auf, führe ein Tagebuch und schreib alles hinein, was du willst.

Du musst irgendwo deinen Dampf ablassen, aber er sollte nicht in das Wesen eines anderen eindringen; das wäre gewalttätig. Und wenn die Menschen diese einfache Sache lernen, wird die Welt gesünder werden.

# EINE LACHMEDITATION
## zum Aufwachen

Wenn du lachst, lache mit dem ganzen Körper. Man kann auch nur mit den Lippen lachen, man kann aus der Kehle lachen, das wird aber nicht sehr tief gehen.

Du kannst mit den Lippen und mit der Kehle lachen, kannst ein Geräusch machen, das sich zwar wie Lachen anhört, es aber nicht ist, und es wird nicht viel helfen. Es ist bloß ein mechanischer Akt.

Wenn du mit dem Lachen anfängst, erinnere dich, wie du als kleines Kind warst. Sieh dich als kleines Kind. Wenn kleine Kinder lachen, fangen sie an, auf dem Boden herumzukugeln. Wenn dir danach ist, kugle! Es geht nur darum, im Lachen aufzugehen. Das Geräusch, das du machst, ist nicht so wichtig wie deine Totalität. Du wirst es merken, sobald es richtig losgeht.

Vielleicht kannst du zwei oder drei Tage lang nicht spüren, ob das Lachen passiert oder nicht, aber es wird passieren. Hole dein Lachen von den Wurzeln nach oben, so wie eine Blüte auf einem Baum entsteht: Allmählich steigt sie von den Wurzeln hoch, aber noch ist nichts zu sehen. Erst wenn sie oben angekommen ist, erblüht sie und wird sichtbar. Sie kommt aber von den Wurzeln, tief unter der Erde. Sie ist aus der Tiefe emporgekommen.

Genauso sollte dein Lachen unten an den Füßen beginnen und sich von dort nach oben bewegen.

## DIE METHODE
### Lache total

WANN: als Erstes am Morgen, und abends
als Letztes vor dem Schlafengehen.
WO: im Sitzen auf dem Boden oder auf dem Bett.
DAUER: Zehn Minuten reichen völlig.

Es ist gut, wenn du diesen Prozess zehn Tage lang regelmäßig praktizieren kannst. Auch wenn sich tagsüber die Gelegenheit ergibt, lass sie dir nicht entgehen – lache!

Setz dich auf den Fußboden oder auf dein Bett und fühle dich, als würde das Lachen von deinen Fußsohlen hervorsprudeln.

Schließ die Augen und fühle, wie die feinen Energiewellen von deinen Füßen aufsteigen. Sobald sie beim Bauch ankommen, werden sie sichtbarer. Der Bauch beginnt zu zittern und wackeln. Bringe die Wellen dann zum Herzen, bis es ganz davon erfüllt ist. Von dort steigen sie weiter auf, zur Kehle und zu den Lippen.

Das Lachen sollte also bei den Füßen beginnen und sich nach oben fortpflanzen. Lass zu, dass der ganze Körper in Erschütterung gerät. Fühle die bebende Schwingung und geh mit ihr. Bleib nicht starr, sei locker. *Kooperiere damit.* Es hilft, wenn du es zuerst ein wenig übertreibst. Wenn du fühlst, dass deine Hand zittert, unterstütze sie dabei, bis die Energiewellen dich überrollen und du dich kugelst vor Lachen.

So machst du es abends vor dem Einschlafen. Zehn Minuten sind genug, und danach sinkst du in den Schlaf. Und dann gleich wieder als Erstes am Morgen, sogar noch im Bett. Also, als letzte Sache am Abend und als erste Sache am Morgen.

Das nächtliche Lachen setzt einen Trend für deinen Schlaf. Deine Träume werden fröhlicher werden, sogar urkomisch, und das hilft dir wieder beim Morgenlachen. Beides zusammen schafft den richtigen Hintergrund. Das Morgenlachen setzt den Trend für den ganzen Tag. Das, womit du den Tag beginnst – egal, was es ist –, beeinflusst deine Stimmung während des ganzen Tages.

Wenn du gleich beim Starten ärgerlich bist, pflanzt es sich in einer Kette fort. Dann führt ein Ärger zum nächsten und nächsten und nächsten. Du fühlst dich sehr verletzlich und bist wegen jeder Kleinigkeit beleidigt. Eine Sache führt zur anderen. Lachen ist also wirklich die beste Methode, in den Tag zu starten, aber mache es so total wie möglich.

Und wann immer sich während des Tages eine Gelegenheit ergibt, verpasse sie nicht – lache!

## LEBE SPIELERISCH

*Wenn du die Dinge leichtnimmst und nichts erzwingst,*
*wird nach einiger Zeit der Strom der Gedanken*
*außen und innen auf natürliche Weise*
*zur Ruhe kommen,*
*und das wahre Gesicht zeigt sich.*
– Bukko, ein Zenmeister

Bukko ist zum höchsten Ausdruck der Erfahrung seiner Wesensnatur gelangt. Nur selten hat ein Meister seine Verwirklichung so erfolgreich kundgetan wie Bukko in seinen Aussagen.

Genau das sage ich euch ständig: Ein Buddha zu sein ist keine schwierige Sache. Es ist keine Errungenschaft, für die du einen Nobelpreis verdienst. Es ist die einfachste Sache der Welt, denn es ist schon eingetreten, ohne dein Wissen.

Der Buddha atmet schon in dir. Nur ein kleines Wiedererkennen, ein wenig Nachinnengehen – und es darf nicht erzwungen werden. Wenn du Druck ausübst, wirst du es verfehlen. Es ist sehr subtil. Spielerisch und unernst solltest du nach innen schauen. Das meint er mit »die Dinge leicht- nehmen«. Sei niemals ernsthaft.

Das Dasein ist ganz einfach. Ohne dich anzustrengen hast du dein Leben erhalten, ohne dich anzustrengen lebst du dein Leben: Du atmest bestens, ohne dass du daran erinnert werden musst. Dein Herz schlägt auch im Schlaf weiter – so leicht hat es dir das Dasein gemacht! Aber du machst es dem Dasein nicht so leicht. Du lebst mit geballten Fäusten, machst aus allem eine Leistung.

Die Erleuchtung kann keine Leistung, keine Errungenschaft sein. Wie kann etwas, das du schon hast, eine Errungenschaft sein? Ein authentischer Meister nimmt dir lediglich Dinge weg, die du nicht hast, aber zu haben glaubst – und er gibt dir das, was du schon hast. Du hast viele Dinge, die du überhaupt nicht hast – du glaubst nur, dass du sie hast. Die Funktion des Meisters ist die eines Chirurgen, der alles herausschneidet, was du nicht bist, und nur deine Essenz übrig lässt – das ewige Sein.

Es ist ein sehr einfaches Phänomen: Du kannst es auch allein. Es gibt kein Problem und kein Risiko, die Dinge leicht zu nehmen, aber die Menschen nehmen die Dinge sehr angespannt. Sie nehmen alles total ernst, und so verderben sie das ganze Spiel.

Vergiss nicht, das Leben ist ein Spiel. Wenn du es als Spiel versteht, ergibt sich eine tiefe Verspieltheit von selbst. Nicht um Sieg geht es, sondern allein darum, zu spielen – total, fröhlich und tanzend!

## DIE METHODE
### Momente unbewusster Meditation

In der Vergangenheit machte die Arbeitszeit ein Zehntel der Zeit aus und die meditative Zeit neun Zehntel. Jetzt ist es umgekehrt: neun Zehntel Arbeitszeit und ein Zehntel meditative Auszeit. Ganz selten bist du entspannt, ganz selten sitzt du einfach still da, ohne etwas zu tun. Sogar dieses eine Zehntel unbewusster Zeit der Meditation verschwindet nun. Wenn das passiert, wird der Mensch völlig verrückt. Und das passiert gerade.

Was meine ich mit unbewusster Zeit der Meditation? Wenn du einfach in den Garten gehst, mit deinen Kindern spielst – das ist unbewusste meditative Zeit. Oder du schwimmst im Pool – das ist unbewusste meditative Zeit. Oder du mähst den Rasen oder hörst den Vögeln zu – das ist unbewusste meditative Zeit. Selbst das verschwindet nun, denn immer, wenn die Leute Zeit haben, sitzen sie vor dem Bildschirm, auf ihrem Sessel festgeklebt.

Heute strömt von allen Bildschirmen gefährliche Information auf dein Gehirn ein, die du gar nicht verarbeiten kannst. Du liest die Nachrichten, nimmst allen möglichen Schwachsinn auf. Sobald du Zeit hast, schaltest du das Radio oder das Fernsehen ein. Und wenn du gut drauf bist und Entspannung haben willst, gehst du ins Kino. Aber was ist das für eine Entspannung? Sogar im Kino wirst du pausenlos mit Informationen bombardiert, die verhindern, dass du dich entspannen kannst. Entspannung heißt, nicht mit Informationen bombardiert zu werden.

Dem Ruf eines Vogels zu lauschen ist entspannend, weil du nicht mit Informationen gefüttert wirst. Musik zu lauschen ist es ebenfalls, denn sie transportiert keine Informationen – Musik, die keine Sprache enthält, die reiner Klang ist. Sie hat keine Botschaft, bringt dir nur Freude. Tanzen ist gut, Musik ist gut, Gartenarbeit ist gut, Spielen mit Kindern ist gut – oder einfach nur dazusitzen und nichts zu tun ist gut. Das ist Heilung für die Epidemie der Neurose. Und wenn du bei allem mit Achtsamkeit vorgehst, wird die Wirkung noch größer sein. Schaffe eine Balance.

## WURZELN UND FLÜGEL

Kind wartet erdwärts.
Wolkensperling
höher und höher.
– Sampu

Das ist ein kurzes japanisches Haiku.

Es sagt: *Kind wartet erdwärts* ... Ein Kind wartet im Mutterleib, um auf die Erde zu kommen. Zuerst muss man sich in der Erde verwurzeln, dann kann man seine Äste wie Flügel in den Himmel ausbreiten. Solange du keine Wurzeln hast, kannst du keine Flügel in den Himmel ausbreiten. Je tiefer die Wurzeln, desto höher wächst der Baum – dann berührt er fast die Sterne.

Ein einziger westlicher Maler, Vincent van Gogh, hatte diese unglaubliche Einsicht – fast die eines Mystikers, fast ein Buddha: Er malte seine Bäume, als wüchsen sie über die Sterne hinaus.

Man fragte ihn: »Was machst du? Das ist doch verrückt. Kein Baum kann über die Sterne hinausragen!«

Van Gogh wurde immer wieder gefragt: »Bist du verrückt?«

Er aber sagte: »Ich sitze viel neben den Bäumen und lausche, wo sie hinwollen, und immer vernahm ich, die Bäume seien das Streben unserer Erde, nach den Sternen zu greifen. Meine Bilder sind nicht faktisch, sie sind poetisch. Sie sind das Streben der Erde, nach den Sternen zu greifen.«

Sampu sagt: »Kind wartet im Mutterleib ...« Worauf? – auf den Weg zur Erde. Es will auf die Erde kommen, seine Wurzeln tief in die

Erde stecken, denn nur wer Wurzeln in der Erde hat, kann in den Himmel wachsen, kann zu einer Zeder des Libanon werden, vierhundert Fuß hoch. Dazu braucht man vierhundert Fuß tiefe Wurzeln. Wenn kein Gleichgewicht da ist, fällt der Baum um.

Dies ist einer meiner wichtigsten Grundsätze: Nur wer tief im Materialismus verwurzelt ist, kann zur Spiritualität aufsteigen.

Der Osten hat einen Fehler begangen: Er hat versucht, nach den Sternen zu greifen, ohne tiefer in der Erde verwurzelt zu sein, und er hat komplett versagt. Der Westen hat einen anderen Fehler begangen: Er lässt immer mehr Wurzeln in die Erde, in die Materie wachsen – und hat darüber völlig die Sterne vergessen.

Daher meine ständige Betonung, dass jeder von euch ein *Zorba the Buddha* sein soll. Zorba (der Grieche Alexis Sorbas) wurzelt in der Erde, und Buddha steht für die Sehnsucht, sich in die höchste Freiheit zu erheben und den grenzenlosen Raum zu erreichen.

Kind wartet erdwärts.
Wolkensperling
höher und höher.

… Und ein Vogel, ein Wolkensperling, steigt immer höher und höher in den Himmel. Beides bedarf einer großen Synthese.

Unsere Welt leidet, weil es uns nicht gelungen ist, eine Synthese zwischen Ost und West, Himmel und Erde, zwischen Geist und Materie, zwischen deinem Inneren und dem Äußeren hervorzubringen. Nur wenn diese große Synthese erreicht wird, besteht Hoffnung für die Menschheit.

## DIE STRATEGIE
### Schaffe ein dynamisches Gleichgewicht

Die Neurose hatte noch nie solche epidemischen Ausmaße wie heute. Sie ist fast zum Normalzustand der menschlichen Psyche geworden. Das muss man in seiner ganzen Tragweite verstehen.

Die Neurose ist ein unausgeglichener Geisteszustand: zu viel Aktivität und kaum Inaktivität, zu viel Männlichkeit und kaum Weiblichkeit, zu viel Yang und zu wenig Yin. Um dein tieferes Gleichgewicht zu bewahren, brauchst du aber fifty-fifty. Du brauchst eine innere Ausgewogenheit: halb Mann, halb Frau.

Ein solches Gleichgewicht bewahrt dich vor der Neurose.

Das Individuum ist weder männlich noch weiblich, sondern ein ungeteiltes Ganzes. Bemühe dich um ein Gleichgewicht zwischen aktiver Zeit und nicht-aktiver Zeit. Das bedeutet Ganzheit – was Buddha den »mittleren Pfad« nannte. Sei genau in der Mitte. Bedenke, dass du nach jeder Seite ins Extrem fallen kannst: Du kannst zu aktiv werden oder zu inaktiv, passiv. Jedes birgt seine eigenen Tücken und

Gefahren. Wirst du zu inaktiv, verliert dein Leben seinen Tanz, es geht ihm die Freude verloren. Du stirbst langsam ab. Ich sage nicht, werde inaktiv. Ich sage, suche die Balance zwischen Tun und Nicht-Tun. Sie sollten sich die Waage halten – und du bist genau in der Mitte. Du brauchst diese beiden Flügel deines Seins. Kein Flügel sollte größer sein als der andere.

Im Westen ist das Tun übermächtig geworden, das Nicht-Tun ist verschwunden. Im Osten wurde die Passivität zu groß und die Aktivität wurde eingebüßt. Der Westen kennt äußeren Reichtum und Überfluss – und innere Armut. Der Osten kennt den inneren Reichtum und Überfluss – aber außen viel Armut. Beide sind in Not, weil beide ein Extrem wählten.

Meine Herangehensweise ist weder östlich noch westlich, weder männlich noch weiblich, weder aktiv noch inaktiv. Meine Herangehensweise ist die einer vollkommenen Balance, einer inneren Symmetrie. Darum sage ich den Wahrheitssuchern: Zieht euch nicht aus der Welt zurück. Seid *in* dieser Welt, aber nicht von dieser Welt. Das nennen die Taoisten *wu-wei-wu*, Handeln durch Nicht-Handeln. Das Zusammenkommen von Yin und Yang, von Anima und Animus, führt zur Erleuchtung.

Ungleichgewicht ist Neurose, Gleichgewicht ist Erleuchtung.

## ERWECKUNG DER SINNE – ZUHÖREN

Der Verstand hat Puffer geschaffen, um sich zu schützen, denn du wirst, unwissentlich, ständig von überallher mit Gedankenwellen bombardiert. Jeder, der neben dir sitzt, ist eine Sendestation und schickt Gedankenwellen in deine Richtung. Du kannst es nicht hören, weil der andere nicht laut wird, aber seine Gedanken gelangen über Wellenfrequenzen zu dir. Du hast dich schon oft gewundert, woher plötzlich ein Gedanke zu dir kam, wo es doch keinen Grund gab, dass er just in diesem Moment auftauchte.

Aber vielleicht war es gar nicht dein eigener Gedanke; vielleicht war es nur der Gedanke der Person, die neben dir saß.

Es ist wie bei Schallwellen, die Nachrichten übertragen. Sie ziehen jetzt im Moment hier durch, aber du kannst sie nicht hören. Doch mit einem kleinen Empfänger könntest du sie hören.

Zum Schutz hat jeder Verstand eine subtile Mauer aus Puffern geschaffen, sodass diese Gedanken zurückgewiesen werden und nicht in deinen Verstand eindringen. Das ist grundsätzlich gut, aber dann sind diese Puffer langsam so gewachsen, dass sie nun nichts mehr hereinlassen. Selbst wenn du willst, dass sie etwas zulassen, unterliegt es nicht mehr deiner Kontrolle. Der einzige Weg, diese Kontrolle zu brechen, ist derselbe, wie deine eigenen Gedanken zu unterbrechen: Werde Zeuge deiner Gedanken.

Und wenn deine Gedanken zu verschwinden beginnen, fallen allmählich die Puffer weg, weil die Gedanken nicht mehr geschützt werden müssen. Das sind alles abstrakte Phänomene, die man nicht sehen kann – aber ihre Auswirkungen sind da. Nur wer weiß, wie man meditiert, weiß auch, wie man zuhört – oder umgekehrt: Jemand, der weiß, wie man zuhört, weiß auch, wie man meditiert, denn es ist das Gleiche.

## DIE METHODE

### Entwickle die Kunst des Zuhörens

Du brauchst nur die Strategie zu verstehen.

Du kannst unter einem Baum sitzen, auf deinem Bett, überall – versuche einfach, dem Verkehrslärm zuzuhören, aber intensiv und total, ohne Bewertung von gut oder schlecht.

Deine Gedanken werden wegfallen, und damit auch die Puffer, und plötzlich öffnet sich eine Lücke, die dich in die Stille und in den Frieden führt.

Seit Jahrhunderten ist dies der einzige Weg, wie man der Wirklichkeit des eigenen Seins und dem Mysterium der Existenz näherkommen kann. Und je näher du kommst, umso gelassener, fröhlicher, erfüllter, zufriedener, glückseliger fühlst du dich. Es kommt der Punkt, wo du so voll Seligkeit bist, dass du alle Welt teilhaben lassen kannst, ohne dass die Glückseligkeit aufhört.

Lerne zuerst die Methode, und dann wende sie an, so oft und wo immer du kannst. Dafür gibt es so viel Zeit: beim Warten auf den Bus, Sitzen im Zug, Liegen im Bett. All die Momente, in denen du Zeit totschlagen willst – reserviere sie für die Meditation. Ich erwarte keine andere Veränderung in deinem Leben. Ich verlange nicht viel, nur: Schlage keine Zeit mehr tot! All die Zeit, die du bis jetzt gekillt hast … lass dich nun von dieser Zeit killen!

## DIE KRAFT DER WERTFREIHEIT

Unternimm nichts, um von Gedanken frei zu werden, denn *alles*, was du unternehmen könntest, wäre wiederum ein Gedanke.

Du musst lernen, die Prozession der Gedanken vom Straßenrand aus wahrzunehmen, als wäre es dir egal, was bei dir vorbeikommt. Der ganz normale Verkehr. Wenn du die Gedanken so nehmen kannst, dass sie für dich ohne Belang sind, so wird die ewige Karawane der Gedanken, die schon jahrtausendelang dahinzieht, mit der Zeit mühelos verschwinden.

Du musst eine einfache Sache verstehen: Aufmerksamkeit zu geben bedeutet, Nahrung zu geben. Wenn du einer Sache keine Aufmerksamkeit gibst, wenn du unbeteiligt bleibst, sterben die Gedanken von alleine ab. Sie bekommen keine Energie mehr, haben keine andere Lebensquelle. Du bist ihre Energie, und nur weil du ihnen weiterhin ernstlich deine Aufmerksamkeit gibst, findest du es so schwierig, frei von Gedanken zu sein. Es ist aber die leichteste Sache der Welt, wenn du es richtig angehst.

Der richtige Weg ist, einfach am Rand zu stehen. Der Verkehr zieht vorüber – lass ihn ziehen. Bewerte nichts als gut oder nicht gut, verteile weder Lob noch Tadel. Das ist gemeint mit »leichtnehmen« – alles ist okay, so wie es ist.

Wenn wir die Gedanken loswerden wollen, ist es unsere natürliche Tendenz, sie gewaltsam wegdrängen zu wollen. Warum sie nicht einfach hinauswerfen? Aber gerade dadurch, dass man Zwang ausübt, gibt man ihnen Energie, man gibt ihnen Nahrung.

Du nimmst sie zur Kenntnis und machst sie wichtig – so wichtig, dass du nicht meditieren kannst, ohne sie hinauszuwerfen.

Versuch mal, einen Gedanken rauszuwerfen – du wirst sehen, wie schwer das geht. Je mehr du ihn wegboxt, umso beharrlicher kommt er zurück! Er scheint richtig Spaß an dem Spiel zu haben, aber letztlich wirst du unterliegen. Es ist der falsche Weg

Ein Gedanke lässt sich nicht unterdrücken. Schon der Versuch gibt ihm Energie, Leben, Kraft. Und es schwächt dich, denn in diesem Spiel kannst du nur unterliegen. Am einfachsten ist es, nichts zu erzwingen, nur Zeuge zu sein. Kommt ein Affe vorbei, lass ihn kommen. Sag bloß: »Hallo!«, und er wird weitergehen. Aber sag ihm nicht, dass er gehen soll. Nimm einfach wahr, dass ein Affe vorübergeht, oder tausend Affen. Was spielt es für eine Rolle? Es geht dich nichts an. Vielleicht gehen sie zu einer Demo, einem religiösen Fest, also lass sie ziehen. Es ist nicht dein Bier. Wenn du kein Interesse zeigst, werden sie bald verschwinden.

Alle deine Gedanken fallen in diese Kategorie. Übe nie Zwang aus, einen Gedanken loszuwerden; er kehrt sonst mit verstärkter Energie zurück. Und es ist deine eigene Energie! Widerstand ist hier kontraproduktiv. Je mehr du einen Gedanken abwehrst, umso hartnäckiger kommt er wieder.

## DER EINZIGE WEG,
ohne Gedanken zu sein

Der einzige Weg – ich sage der *einzige* Weg –, um ohne Gedanken zu sein: Achte nicht darauf. Bleibe einfach bemüht, alle möglichen Dinge schweigend zu beobachten … Affen und Elefanten, lass sie vorüberziehen. Bald findest du eine leere Straße vor, und damit findest du auf natürliche Weise zum leeren Geist. Äußere und innere Bewegung verebbt und die ungeheure Stille ist da, die aus Leichtigkeit kommt.

Ich sage aus eigener Erfahrung, dass du einfach dasitzen oder dich hinlegen kannst, um die Gedanken vorüberziehen zu lassen.

Sie werden nicht einmal eine Spur hinterlassen. Interessiere dich einfach nicht dafür – aber sei auch nicht desinteressiert.

Bleibe einfach neutral. Neutral zu sein bedeutet, locker zu sein. Neutral zu sein bedeutet aber auch, die Lebenskraft, die du deinen Gedanken gegeben hattest, wieder zu dir zurückzuholen.

Ein Mensch des Nicht-Denkens wird plötzlich von unendlich viel Energie erfüllt – Energie, die er sonst unnötigerweise durch seine Gedanken verstreute. Seinen Gedanken Nahrung zu geben schwächte ihn. Es führt nirgendwohin. Gedanken versprechen uns immer etwas, Gedanken sind Politiker. Sie verheißen große Dinge, die da kommen werden, doch sobald sie an die Macht gekommen sind, vergessen sie alle ihre Versprechungen. So geht das schon seit Jahrhunderten.

## AKTIVIERE DEINE BEWUSSTHEIT

Bewusstheit ist etwas Einfaches, Unschuldiges. Jeder besitzt sie; sie ist keine Errungenschaft. So führt eine falsche Frage oft zur nächsten falschen Frage: Erst fragst du, was rechte Bewusstheit sei, und dann fragst du, wie man sie erlangt. Du hast sie schon.

Bist du etwa nicht bewusst, wenn du einen Sonnenuntergang betrachtest? Bist du nicht bewusst, wenn du eine Rose siehst? Du bist dir des Sonnenuntergangs bewusst, bist dir der Rose bewusst. Nun muss nur noch Eines hinzukommen: Werde dir auch deiner Bewusstheit bewusst. Das muss hinzukommen, als Verfeinerung.

Du hast Bewusstheit von Objekten. Jetzt werde dir auch deiner Subjektivität bewusst. Wenn du einen Sonnenuntergang siehst, bist du von seiner Schönheit so ergriffen, dass du völlig vergisst, dass es noch etwas Schöneres gibt, das es dir ermöglicht, dir der Schönheit des Sonnenuntergangs überhaupt gewahr zu werden: deine Bewusstheit, das Gewahrsein. Die Bewusstheit richtet sich auf Objekte: Sonnenuntergang, Sonnenaufgang, den Mond. Lass die Objekte weg und verweile im reinen Gewahrsein, in der Stille, im Frieden. *Sei einfach ganz wach.*

## DIE METHODE

### Beobachte einfach

Gewahrsein ist ein Prozess, der dich immer wacher werden lässt.

Bei allem, was du tust, kannst du wie ein Roboter vorgehen, mechanisch. Beobachte einfach: Die Art, wie du gehst – ist sie bewusst oder nur eine automatische Gewohnheit?

Du hast dieses Gewahrsein, aber du hast es noch nicht bewusst angewandt. Setze es ein, damit es immer mehr geschärft wird. Ohne deine Anwendung hat es Staub angesetzt.

Bei jeder Handlung – Gehen, Essen, Trinken – bei allem, was du tust, achte darauf, dass eine Unterströmung von Bewusstheit, von Gewahrsein, immer nebenherläuft. Dann wird dein ganzes Leben einen mystischen Duft annehmen. Bewusstheit ist immer richtig, und jede Unbewusstheit ist verkehrt.

# EINE TASSE MEDITATION

Sooft du Zeit dafür findest, entspanne einfach ein paar Minuten lang dein Atemsystem, nur das – es ist unnötig, den ganzen Körper zu entspannen. Wenn du im Zug, im Flugzeug oder in einem Auto sitzt, merkt niemand, dass du etwas tust. Dann entspanne einfach den Atem. Lass ihn so sein, wie er natürlicherweise funktioniert. Schließe die Augen und beobachte, wie der Atem hereinkommt, hinausgeht, hereinkommt …

Keine Konzentration. Wenn du dich konzentrierst, schaffst du Probleme, weil dann alles zu einer Störung wird. Wenn du bei der Fahrt im Auto versuchst, dich zu konzentrieren, wird selbst das Brummen des Autos zu einer Störung, und die Person, die neben dir sitzt, wird zu einer Störung.

Meditation ist nicht Konzentration. Sie ist reines Gewahrsein. Du entspannst dich und beobachtest den Atem. Im Beobachten wird nichts ausgeblendet. Das Auto brummt – völlig in Ordnung, akzeptiere es. Der Verkehr rauscht vorbei – okay, das gehört zum Leben. Der schnarchende Mitfahrer neben dir, akzeptiert! Nichts wird abgelehnt. Du tust nichts, was dein Bewusstsein einengt.

Konzentration ist eine Verengung deines Bewusstseins; du bist auf einen einzigen Punkt fokussiert, alles andere tritt damit in Wettstreit. Du kämpfst gegen alles andere, da du fürchtest, den Fokus zu verlieren. Du könntest abgelenkt werden, und das wäre eine Störung. Dann brauchst du Abgeschiedenheit, den Himalaja. Du benötigst einen Raum, in dem du stillsitzen kannst und keiner dich stört.

Nein, das ist nicht das Richtige – das kann man nicht zu seiner Lebensart machen. Es würde bedeuten, dich zu isolieren. Es bringt zwar ein paar gute Ergebnisse – du würdest ruhiger und stiller werden, aber nur vorübergehend. Sobald die Bedingungen nicht da sind, unter denen es geschehen kann, geht es verloren.

Eine Meditation, bei der du bestimmte Voraussetzungen benötigst und bestimmte Bedingungen erfüllt sein müssen, ist überhaupt keine Meditation – denn du wirst sie nicht machen können, wenn du stirbst. Der Tod wird dich zu sehr ablenken. Wenn dich das Leben schon ablenkt, dann erst recht der Tod.

Du wirst nicht in der Lage sein, meditativ zu sterben – und dann war die ganze Angelegenheit vergeblich, völlig umsonst. Du wirst wiederum in Anspannung, Angst, Elend und Leid sterben – und sofort deine nächste Geburt von gleicher Art hervorbringen.

Lass den Tod das Kriterium sein: Alles, was man auch beim Sterben tun kann, ist real – und man kann es überall tun, ohne Bedingungen zu stellen. Wenn du manchmal gute Bedingungen vorfindest, genieße es. Wenn nicht, macht es keinen Unterschied. Du kannst auch auf dem Marktplatz meditieren.

Und versuche nicht, den Atem zu kontrollieren, denn jede Kontrolle kommt vom Verstand, darum kann Meditation nie eine Sache von Kontrolle sein. Der Verstand kann nicht meditieren. Meditation ist etwas, das jenseits des Verstandes – oder unterhalb des Verstandes – liegt, aber nie innerhalb des Verstandes. Wenn also der Verstand weiterhin beobachtet und kontrolliert, ist es keine Meditation; es ist Konzentration.

Konzentration ist eine Anstrengung des Geistes. Sie bringt die Qualitäten des Geistes auf ihren Höhepunkt. Ein Wissenschaftler konzentriert sich, ein Soldat konzentriert sich; ein Jäger, ein Forscher, ein Mathematiker – sie alle konzentrieren sich. Das sind Aktivitäten des Geistes.

Es ist nicht nötig, eine bestimmte Zeit für die Meditation festzulegen. Nutze jede Zeit, die dir verfügbar ist. Wenn du zehn Minuten im Badezimmer hast, dann stell dich einfach unter die Dusche und meditiere. Meditiere für kurze Zeitperioden – nur fünf Minuten – am Morgen, am Nachmittag, vier oder fünf Mal am Tag, und du wirst sehen, dass es zu einer ständigen Nahrung wird. Es ist unnötig, es vierundzwanzig Stunden lang zu tun.

Eine Tasse Meditation genügt. Nicht nötig, den ganzen Fluss auszutrinken; eine Tasse Tee genügt. Und mache es dir so leicht wie möglich. Das Leichte ist richtig. Mache es so natürlich wie möglich. Und sei nicht ständig hinterher – tue es einfach, wenn du Zeit dafür findest. Mache nicht eine Gewohnheit daraus, denn alle Gewohnheiten sind vom Verstand. Ein echter Mensch hat im Grunde keine Gewohnheiten.

# NIMM MEDITATION ÜBERALL MIT

»Genügen zwanzig Minuten Meditation täglich?«

Was bist du für ein Geizhals! Ich hätte nie gedacht, dass du so knausrig sein könntest, nur zwanzig Minuten in vierundzwanzig Stunden dafür herzugeben. Nicht mal vierundzwanzig Minuten!

Und du hast meinen grundlegenden Standpunkt total verpasst. Ich möchte nicht, dass du Meditation in einen zeitlichen Rahmen stellst. *Ich möchte, dass Meditation dein Leben wird.* Das war in der Vergangenheit einer der Irrtümer, den die verschiedenen Religionen begangen haben: Man meditierte für zwanzig Minuten, oder dreimal am Tag, fünfmal am Tag. Die Idee war, jeden Tag ein paar Minuten der Meditation zu widmen.

Und was machst du in der übrigen Zeit? Alles, was du in den zwanzig Minuten gewonnen hast ... Was machst du in den übrigen 23 Stunden und 40 Minuten? Etwas Kontra-Meditatives? Natürlich würde das deine zwanzig Minuten wieder zunichtemachen.

Die Widrigkeiten sind so groß; ihnen widmest du so viel Kraft und Energie – aber für die Meditation hast du bloß zwanzig Minuten.

Nein, wegen dieser falschen Vorstellungen hat die Meditation in der Vergangenheit keine Rebellion auf der Welt bewirkt. Solche Irrtümer sind der Grund, dass ich dir Meditation aus einer ganz anderen Perspektive nahebringen will: Du kannst Meditieren in zwanzig oder in vierzig Minuten lernen – das Erlernen ist das Eine, aber dann musst du das Gelernte auch umsetzen – tagein, tagaus. Deine Meditation muss wie dein Herzschlag werden. Du kannst ja nicht sagen: »Genügen zwanzig Minuten Atmen täglich?« Dann würdest du den nächsten Tag nicht mehr erleben! Selbst im Schlaf atmest du ständig weiter. Die Natur hat dir die lebenswichtigsten Körperfunktionen nicht überlassen. Die Natur hat sie dir nicht anvertraut, denn wäre das Atmen dir überlassen, dann würdest du anfangen zu überlegen, wie viel du atmen sollst und ob es richtig ist, auch im Schlaf zu atmen. Es erscheint doch ein wenig seltsam, beides gleichzeitig zu tun: schlafen und atmen. Beim Schlafen ist das Atmen doch eher störend. Das wäre dann der ewige Schlaf!

Dein Herzschlag, dein Blutkreislauf, sie unterliegen nicht deiner Kontrolle. Die Natur hat alles Wesentliche selbst in die Hand genommen. Du bist nicht zuverlässig, könntest es vergessen, und dann wäre es zu spät zu sagen: »Tut mir leid, ich habe zu atmen vergessen. Gib mir noch 'ne Chance!« Nicht einmal das wäre drin.

Meditation gehört nicht zu deiner Biologie, deiner Physiologie, deiner Körperchemie; sie gehört nicht zum natürlichen Fluss.

Wenn du ewig ein Mensch-Wesen bleiben willst, so kannst du das. Die Evolution ist an den Punkt gelangt, wo die Natur von dir nicht mehr verlangt, als dass du dich fortpflanzt; dazu bist du völlig geeignet, und das genügt. Du wirst sterben, und deine Kinder werden weiterleben. Deine Kinder werden genauso idiotisch weitermachen wie du. Ein paar von ihnen werden in der Gemeinde sein und zur Kirche gehen, irgendein Schwachkopf wird Predigten halten – und die ganze Sache wird ewig so weitergehen, keine Sorge.

Die Natur ist jetzt an einem Punkt, wo du dich nicht mehr weiterentwickeln kannst – es sei denn, du übernimmst Verantwortung als Individuum. Mehr kann die Natur nicht tun.

Sie hat genug für dich getan: Sie hat dir das Leben gegeben, hat dir eine Chance gegeben. Jetzt bleibt die Frage, was du daraus machen willst, allein dir überlassen.

## DIE METHODE
### Verbreite das Aroma

Meditation ist deine Freiheit, keine biologische Notwendigkeit. Du kannst Meditation in einer bestimmten Zeitspanne erlernen und täglich üben, um sie zu verankern und zu stärken – aber trage ihr Aroma den ganzen Tag über mit dir.

Als Erstes, vom Moment des Aufwachens an, nimm sofort den Faden wieder auf, wach und bewusst zu bleiben, denn das ist der kostbarste Moment, um den Bewusstseinsfaden weiterzuspinnen. Während des Tages wirst du es oft vergessen – doch sobald es dir wieder einfällt, hole dich direkt in die Wachheit. Gib dich nie mit Reue ab, denn das wäre nur Zeitverschwendung. Bereue niemals: »Mein Gott, ich hab's schon wieder vergessen!«

In meinen Lehren ist kein Platz für Reue. Was geschah, ist vorbei – unnötig, damit Zeit zu verschwenden. Ergreife gleich wieder den Faden des Gewahrseins. Nach und nach wird es dir gelingen, während des ganzen Tages bewusst zu bleiben – als eine ständige Unterströmung bei jeder Handlung, jeder Bewegung, bei allem, was du tust oder nicht tust. Unterschwellig wird dieser Fluss ununterbrochen weitergehen.

Und sogar beim Schlafengehen lass den Faden erst im letzten Moment los, wenn du nichts mehr tun kannst, als in den Schlaf zu fallen. Es ist ein Gesetz, dass der letzte bewusste Moment vor dem Einschlafen sich im ersten Moment des Erwachens fortsetzt. Probiere es aus. Kleine Experimente können es dir beweisen.

Wiederhole deinen Namen beim Einschlafen. Halb wachend, halb schlafend, sag immer wieder deinen Namen. Allmählich wirst du vergessen, ihn zu sagen, weil der Schlaf kommt und du den Faden verlierst. Im Schlaf geht er verloren, aber unterschwellig geht es weiter. Wenn du dann morgens aufwachst, sieh dich um. Das Erste, was dir einfällt, wird dein Name sein – das überrascht dich: »Wieso? Was ist passiert?« Du hast acht Stunden geschlafen, aber unterschwellig ist es weitergegangen.

Und während der Prozess tiefer geht und klarer wird, wirst du dich sogar im Schlaf erinnern können, dass du schläfst. Der Schlaf findet auf der physiologischen Ebene statt, aber deine Essenz wird zu einer Flamme an Bewusstheit, die davon getrennt ist. Es wird deinen Schlaf nicht stören; es wird ihn ganz leicht machen. Nicht wie der Schlaf in früheren Tagen, wenn dein Haus in Brand geriet und du weitergeschlafen hast – fast wie im Koma, so unbewusst. Dein Schlaf wird nun zu einer dünnen, leichten Schicht, aber innerlich bleibt etwas wach.
So wie du tagsüber wach bleibst, wird schließlich nachts etwas in dir sogar noch wacher sein, weil du so still und entspannt bist. Die ganze irre Welt ist verstummt.

Du kannst weiter täglich zwanzig Minuten meditieren lernen, um zu regenerieren, mehr Energie und starke Wurzeln zu haben, aber gib dich damit nicht zufrieden. So ist die gesamte Menschheit gescheitert, obwohl die ganze Menschheit es auf die eine oder andere Weise versucht hat. Es waren aber so wenige erfolgreich, dass mit der Zeit viele Leute aufgehört haben, es überhaupt zu versuchen, weil der Erfolg so unerreichbar schien. Der Grund ist aber, dass zwanzig Minuten oder zehn Minuten nicht ausreichen.

Ich kann verstehen, dass du viel zu tun hast, aber finde die Zeit. Diese kurze Zeit wird aber keine Meditation sein, sondern nur zur Erfrischung dienen – und dann musst du wieder arbeiten, Geld verdienen, deinen Job und tausendundein Ding machen. Bleibe aber aufmerksam, ob dein Gewahrsein, deine innere Achtsamkeit, noch vorhanden ist, oder ob sie verschwunden ist. Durch deine Kontinuität wird es zu einer Girlande von vierundzwanzig Stunden.

## DEINE WESENSNATUR

»Was ist Gewahrsein? Warum geht es verloren
und wie kann man es wiedergewinnen?
Und geht das in Schritten?«

Das Gewahrsein geht nie verloren. Es verwickelt sich lediglich mit den Objekten.

Erstens kann es nie verloren gehen, denn es ist deine Natur, aber du kannst es fokussieren, worauf du willst. Wenn du es leid bist, deinen Fokus auf Geld, Macht und Ansehen zu richten und in deinem Leben der große Augenblick kommt, in dem du die Augen schließen und dein Gewahrsein auf die eigene Quelle, aus der es kommt, richten willst, auf die Wurzeln – dann wird dein ganzes Leben im Bruchteil einer Sekunde transformiert.

Und frage nicht, was die Schritte sind; es ist ein einziger Schritt. Der Prozess ist einfach, der eine Schritt: nach innen gehen.

Im Judaismus gibt es eine rebellische Mysterienschule, den Chassidismus. Sein Begründer war Baal Shem, ein seltenes Wesen. Er pflegte mitten in der Nacht vom Fluss zurückzukommen – denn nachts war es am Fluss absolut ruhig und still. Er saß dort einfach und tat gar nichts; in Selbstbetrachtung versunken, beobachtete er den Beobachter.

In der betreffenden Nacht kam er auf dem Rückweg am Haus eines reichen Mannes vorbei, dessen Wächter am Tor stand. Dieser wunderte sich stets, dass der Mann jede Nacht zur selben Zeit vom Fluss zurückkam. So kam er heraus und sagte: »Vergib mir, wenn ich dich

störe, aber ich kann meine Neugier nicht länger zügeln. Du verfolgst mich bei Tag und bei Nacht, tagtäglich. Was ist dein Geschäft? Weshalb gehst du zum Fluss? Ich bin dir schon häufig gefolgt, aber da ist nichts – du sitzt einfach stundenlang da, und mitten in der Nacht kehrst du zurück.«

Baal Shem sagte: »Ich weiß, dass du mir häufig folgst, denn in der Nacht ist es so still, dass ich deine Schritte hören kann. Und ich weiß auch, dass du dich jeden Tag hinter dem Tor versteckst. Aber nicht nur du bist neugierig wegen mir, auch ich bin neugierig wegen dir. Was ist dein Geschäft?«

Er sagte: »Mein Geschäft? Ich bin bloß ein Wächter.«

Baal Shem sagte: »Mein Gott, damit hast du das Schlüsselwort gegeben. Das ist auch mein Geschäft!«

Der Wächter sagte: »Aber das verstehe ich nicht. Wenn du ein Wächter bist, müsstest du irgendein Haus, einen Palast bewachen. Was bewachst du, während du dort im Sand sitzt?«

Baal Shem sagte: »Es gibt einen kleinen Unterschied: Du wachst darüber, dass keiner von außen in den Palast kommt. Und ich wache bloß über diesen Wächter. Wer ist dieser Wächter? Das ist meine Aufgabe im Leben: Ich wache über mich selbst.«

Der Wächter sagte: »Das ist aber ein seltsames Geschäft. Von wem wirst du dafür bezahlt?«

Er sagte: »Es ist mir eine solche Freude, ein solches Glück, so ein unermesslicher Segen, dass es sich reichlich bezahlt macht. Ein einziger Moment davon, und alle Schätze sind nichts im Vergleich dazu.«

Der Wächter sagte: »Das ist seltsam. Ich wache schon mein Leben lang, aber so eine schöne Erfahrung hatte ich noch nie. Morgen Nacht gehe ich mit dir. Bringe mir das bei. Ich weiß, wie man wacht – es scheint nur, dass eine andere Richtung nötig ist.

Du wachst wohl in einer anderen Richtung.«

Es ist nur *ein* Schritt. Er liegt im Wechsel der Richtung, der Dimension. Entweder können wir unseren Fokus außen haben – oder wir können die Augen vor dem Außen verschließen und unser ganzes Bewusstsein nach innen richten. Du wirst es wissen, denn du *bist* der Wissende. Du *bist* das Gewahrsein. Du hast es nie verloren, warst nur in tausendundein Ding verwickelt. Ziehe dein Gewahrsein von allem zurück und lass es in dir selbst ruhen – dann bist du zu Hause angekommen.

# ES LIEGT IN DEINER HAND

Viele unserer Probleme existieren nur, weil wir sie nie angeschaut haben, unseren Blick nie darauf gerichtet haben, um zu erkennen, worin sie bestehen. Wir haben sie nie von Angesicht zu Angesicht betrachtet, haben sie nie konfrontiert – und unser Wegschauen gibt ihnen Energie. Sie zu fürchten gibt ihnen Energie, sie ständig zu meiden gibt ihnen Energie – denn damit bestätigst du sie. Sie existieren, weil du sie ernst nimmst. Würdest du sie nicht gelten lassen, dann gäbe es sie gar nicht.

Öffne also deine Schränke, nimm dein Licht und schau dir die Skelette an, dann wirst du sehen, dass sie tot sind. Doch niemand öffnet die Schränke seines Unbewussten, wo er viele Skelette mannigfacher Art bewahrt. Du selbst hast sie dort hingetan, und jetzt fürchtest du dich vor ihnen! Doch in Wirklichkeit sind sie tot. Öffne die Türen, bringe Licht hinein und säubere deine Schränke, entrümple deinen Geist von all dem toten Gepäck, mit dem du gefüllt bist – es macht dein Leben wirklich armselig, zu einer Hölle. Und niemand außer dir ist dafür verantwortlich.

In erster Linie verbirgst du Dinge, die du nicht verbergen solltest. Es ist gut, ihnen Ausdruck zu geben und sie loszulassen. So versteckst du sie zunächst und bleibst einfach ein Heuchler – damit du nie wütend bist, nie hasserfüllt bist, nie dieses oder jenes bist … Aber all das sammelt sich im Inneren an. Das sind alles tote Dinge. Sie haben selbst keine Energie, außer du gibst ihnen Energie. Die Quelle der Energie liegt in dir. Was auch immer in deinem Leben geschieht, braucht deine Energie. Wenn du die Quelle der Energie abschneidest … Mit anderen Worten nenne ich es Identifikation: Wenn du dich mit etwas nicht identifizierst, stirbt es sofort; es hat keine eigene Energie.

Und Nicht-Identifikation ist die andere Seite der Achtsamkeit. Liebe die Schönheit der Achtsamkeit und ihre enorme Fähigkeit, dich zu transformieren. Beobachte einfach, was auch immer der Fall ist, dann siehst du plötzlich, dass es nur ein totes Skelett ist.

Es kann dir nichts anhaben. Aber du kannst ihm Energie geben kannst Energie hineinprojizieren. Dann kann ein Skelett, das dir gar nichts anhaben kann, dich sogar töten, dir einen Herzinfarkt bescheren.

Sobald du vor ihm zu flüchten beginnst, verleihst du ihm eine Realität; du gibst ihm ein Leben.

Gib den schönen Dingen ein Leben. Gib nicht den hässlichen Dingen ein Leben. Du hast nicht viel Zeit und nicht viel Energie zu verschwenden. Mit einem so kurzen Leben, einer so begrenzten Energiequelle ist es dumm, sie mit Traurigkeit, Wut, Hass, Eifersucht zu vergeuden. Verwende sie für Liebe, verwende sie für kreative Dinge, verwende sie für Freundschaft, für Meditation. Tue etwas Erhebendes damit. Und je höher du steigst, umso mehr Energiequellen werden dir zugänglich.

Am höchsten Punkt des Bewusstseins bist du beinahe ein Gott. Aber wir erlauben es uns nicht, diesen Moment zu erleben. Wir fallen immer tiefer nach unten in immer dunkler werdende Räume, wo wir selbst fast zu lebenden Toten werden.

Es liegt in deiner Hand.

## DIE SUCHE NACH DER WAHRHEIT

»Wenn ich den Erzählungen deiner frühen Jugend lausche, habe ich nie den Eindruck, dass du dich als spirituellen Sucher sahst. Hast du nach Erleuchtung gesucht oder war die Erleuchtung eine Nebenerscheinung einer unbedingten Entschlossenheit, niemals Kompromisse einzugehen, was dein Empfinden für die Wahrheit betraf?«

Es gibt Dinge, die man nicht direkt anstreben kann. Je wertvoller eine Sache ist, umso indirekter muss man vorgehen.

Du kannst dich nicht zum Weg der Wahrheitssuche aufmachen. Wo willst du hingehen? Kabul? Kulu-Manali? Kathmandu? Goa? Und dann zurück nach Hause. Alle Wahrheitssucher nehmen diese Route, und wenn sie nach Hause zurückkehren, sehen sie dümmer aus als zuvor. Sie haben gar nichts gefunden.

Wohin willst du gehen, um die Wahrheit zu finden? Du kennst nicht den Weg; es gibt keine Landkarte, keinen Richtungsweiser.

Ein echter Wahrheitssucher sucht nie nach der Wahrheit. Im Gegenteil, er trachtet, sich von allem Unwahren, Unaufrichtigen, Unechten zu befreien – und wenn sein Herz bereit ist, gereinigt, dann kommt der Gast. Er kommt zu dir, sobald du dafür bereit bist. Du musst nur in der richtigen Verfassung sein.

Ich war nie spirituell in dem Sinne, wie du dieses Wort verstehst. Ich habe nie Tempel oder Kirchen besucht oder Schriften gelesen oder bestimmte Praktiken befolgt, um die Wahrheit zu finden.

Ich habe nie Gott verehrt oder zu Gott gebetet. Das war überhaupt nicht mein Weg. So kannst du natürlich sagen, ich hätte nichts Spirituelles getan. Für mich hat aber Spiritualität eine völlig andere Bedeutung. Sie verlangt eine ehrliche Individualität. Sie erlaubt keine wie auch immer geartete Abhängigkeit. Die Wahrheit wird immer nur im Alleinsein gefunden.

Meine Spiritualität hat also eine völlig andere Bedeutung als deine Vorstellung von Spiritualität. Meine Kindheitsgeschichten – wenn du sie verstehen kannst – weisen in irgendeiner Art auf alle diese Qualitäten hin. Aber niemand kann sie spirituell nennen.

Ich nenne sie spirituell, weil sie mir alles gegeben haben, was ein Mensch anstreben kann. Wenn du die Geschichten aus meiner Kindheit hörst, solltest du dabei nach einer bestimmten Qualität Ausschau halten. Der rote Faden ist spirituell.

Spirituell bedeutet für mich einfach, zu sich selbst zu finden. Ich habe nie irgendjemandem erlaubt, mir diese Arbeit abzunehmen. Niemand kann diese Arbeit für dich tun; du musst sie selbst tun. Und du kannst es auch nicht direkt tun, sondern musst ein bestimmtes Milieu erzeugen, in dem es geschieht. Und es ist ein Geschehen. Erleuchtung, Befreiung, Erwachen, Erkenntnis – alle diese Worte weisen absolut auf dasselbe hin: ein Geschehen.

Das erzeugt bei vielen eine Art Angst: »Wenn es ein Geschehen ist, was sollen wir dann tun? Wann auch immer es geschehen wird, wird es geschehen.« So ist es nicht. Es ist ein Geschehen, aber du kannst vieles dazutun, um den Boden dafür zu bereiten.

## MÜHELOSE STILLE
## DIE SUCHE NACH DER WAHRHEIT

*Osho Talks*, die Reden Oshos, die er spontan aus dem Stegreif hält, ohne Vorlage (mit Ausnahme von ein paar Witzen oder Auszügen aus einem Text, über den er gerade spricht), sind eine Meditation für sich. Er selbst sagt darüber:

Menschen, die die Wahrheit erkannten, haben lieber gesprochen als geschrieben. Überall auf der Welt – und das kann kein Zufall sein – haben sie in all den Jahrhunderten auf der ganzen Welt das gesprochene Wort gewählt. Das ist von grundlegender Bedeutung. Sie sind sich alle einig, dass die Wahrheit nicht in Worte gefasst werden kann, dass aber das gesprochene Wort zumindest etwas Lebendiges zu vermitteln vermag.

Mein Sprechen wird nun zum ersten Mal als eine Strategie eingesetzt, um Stille in euch entstehen zu lassen.

Ich spreche nicht, um etwas zu lehren; ich spreche, um etwas zu erschaffen. Dies sind keine Vorträge, sondern bloß Hilfsmittel, damit ihr still werden könnt. Denn würde man euch sagen, dass ihr völlig mühelos still werden könnt, dann würdet ihr damit große Schwierigkeiten haben.

Ich habe keine Lehre; mein Reden ist in Wirklichkeit ein Prozess der De-Hypnose. Einfach indem ihr mir zuhört, werdet ihr nach und nach von allen Programmen befreit, an die zu glauben ihr von der Gesellschaft gezwungen wurdet.

Ich bin an keiner Philosophie interessiert, an keiner politischen Ideologie. Mein Interesse ist eure unmittelbare Transformation.

Mein Hauptgrund zu sprechen war, wie ich den Menschen einen Geschmack von Meditation geben kann. So kann ich ewig weiterreden, weil es keine Rolle spielt, was ich sage. Alles, was zählt, ist, dass ich euch ein paar Gelegenheiten gebe, still zu werden, was ihr anfangs schwierig findet, wenn ihr allein seid.

Probiere es aus:
Mit den Aufzeichnungen von Oshos »Talks« ist es dir möglich, die Kunst des Zuhörens überall, wo du gerade bist, mühelos zu erleben.

Für viele Menschen ist das Hören dieser Reden ein wichtiger Schlüssel, um eine entspannte, luzide, geschärfte Bewusstheit in ihr tägliches Leben zu bringen. OSHO Audiobooks sind an allen Audiobook-Verkaufsstellen erhältlich.

# NACHWORT

Eine Wahrheit, die ich jeden Tag beobachte, ist die, dass man ohne Spiritualität nicht leben kann. Ohne Spiritualität bleibt etwas im Menschen leer und unerfüllt. Diese Leere beginnt mit der Zeit wehzutun, doch man findet nichts, womit man sie füllen kann.

Das ist der Zustand des heutigen Menschen. Ich mache mir deswegen keine Sorgen, denn gerade dieser Zustand könnte die einzige Hoffnung für die Zukunft und den Fortbestand der Menschheit darstellen. Der Schmerz dieser Leere bringt einen Durst hervor, der, wenn er in die richtige Richtung gelenkt wird, zu einer weltweiten spirituellen Erneuerung führen kann. Denn so wie auf die dunkle Nacht ein Sonnenaufgang folgt, ist auch die Seele des Menschen einer neuen Morgendämmerung sehr nah.

»Osho, was genau machst du hier?«

Meister Sogaku Harada starb im Alter von einundneunzig. Bei seiner Begräbnisfeier hing da eine von ihm verfasste Kalligrafie:

Seit vierzig Jahren verkaufe ich Wasser
am Ufer eines Flusses.
Ho, ho!
Meine Mühe war völlig umsonst.

So etwas kann nur ein Zen-Meister sagen. Erstens verkauft er Wasser am Fluss, wo gar kein Bedarf besteht. Der Fluss strömt dahin. Man kann einfach in den Fluss hineinspringen und sich satt trinken. Doch die Menschen sind so töricht; sie brauchen jemanden, der ihnen Wasser verkauft, sogar direkt am Fluss.

Zweitens sagt er: »Ho, ho! Meine Mühe war völlig umsonst.« Das ist eine tolle Aussage. Zen-Meister sagen, wenn man Gutes tue, sei es sinnlos, weil grundsätzlich alles gut ist. Wie könnte man noch mehr Gutes tun? Wenn man die Menschen zur Erleuchtung bringt, welchen Sinn hätte es? Sie waren schon erleuchtet; man bringt nichts Neues. »Ho, ho! Meine Mühe war völlig umsonst.«

Erstens verkaufen wir also weiterhin Wasser direkt am Fluss. Wer ein bisschen intelligent ist, kann selbst hineinspringen. Schließlich wissen wir, dass alle Mühe sinnlos ist, völlig umsonst, denn selbst wenn jemand erleuchtet wird, ist dadurch nichts gewonnen. Er war schon immer erleuchtet. Aber das kann nur ein Zen-Meister sagen. Seine Einsicht ist so tief; beide Sätze sind tief. Niemand muss erleuchtet werden, weil alle schon erleuchtet sind. Es ist lächerlich, dass es Leute gibt, die immer wieder versuchen, euch zu erleuchten.

Es ist lächerlich, dass ich täglich versuche, euch zu erleuchten. Und ihr seid starrköpfig, ihr wollt einfach nicht erleuchtet werden. Ich verkaufe ständig Wasser am Fluss, und ihr bezahlt auch noch dafür. Ihr seht nicht den Fluss, dabei fließt er gleich nebenan.

Er war schon immer da. Bevor der Durst aufkam, war der Fluss schon da. Bevor der Wunsch aufkam, war die Erfüllung schon da.

Du fragst mich also: »Was genau machst du hier?«

Ich verkaufe Wasser am Fluss. Ho, ho!

# ÜBER OSHO

Osho ist Mystiker, Wissenschaftler und ein rebellischer Geist, dessen einziges Interesse darin besteht, die Menschheit wachzurütteln für die Dringlichkeit, auf eine neue Art zu leben, wenn wir unser Überleben auf diesem einzigartigen, wunderbaren Planeten sichern wollen.

Sein Hauptanliegen: Nur durch die Veränderung von uns selbst – ein Individuum nach dem anderen –, wird sich im Ergebnis die Summe aller unserer »Selbste« ebenfalls ändern können: unsere Kulturen, unsere Gesellschaften, unsere Überzeugungen, unsere Welt. Und Meditation ist der Schlüssel zu dieser Veränderung.

Der Wissenschaftler Osho hat alle Methoden und meditativen Ansätze der Vergangenheit erprobt, hinterfragt und ihre Wirkung für den modernen Menschen untersucht. Als Antwort auf deren Unzulänglichkeit schuf er eine neue Startbasis für die hyperaktiven Menschen des 21. Jahrhunderts: OSHO Aktive Meditationen®.

Erst wenn sich die innere Hektik des heutigen Lebensstils zu legen beginnt, kann »Aktivität« in »Passivität« übergehen – eine Grundvoraussetzung für echte Meditation. Zur Unterstützung dieses nächsten Schrittes hat Osho die alte »Kunst des Zuhörens« in eine subtile, zeitgemäße Methodik verwandelt: OSHO Talks. Das Bewusstsein verlagert sich von dem, was gehört wird, zum Subjekt des Zuhörenden. Auf magische Weise entsteht dabei Stille, und was gehört werden muss, wird unmittelbar verstanden – ohne die Einmischung des Verstandes, der diesen subtilen Prozess nur unterbrechen und stören kann.

Die Tausenden von Reden Oshos decken alles ab, angefangen von der individuellen Sinnsuche bis hin zu den dringlichsten sozialen und politischen Problemen der heutigen Gesellschaft. Oshos Bücher werden nicht geschrieben; es sind Transkriptionen von Audio- und Videoaufzeichnungen seiner aus dem Stegreif vor internationalem Publikum gehaltenen Reden. Mit seinen Worten: »Denkt daran: Was immer ich sage, ist nicht nur für euch ... ich spreche auch für die zukünftigen Generationen.«

Osho wurde von der *Sunday Times* in London als einer der »1000 Gestalter des 20. Jahrhunderts« bezeichnet, und von dem amerikanischen Autor Tom Robbins als der »gefährlichste Mann seit Jesus Christus«. Für die indische Zeitung *Sunday Mid-day* gehört er – neben Gandhi, Nehru und Buddha – zu den »zehn Menschen, die das Schicksal Indiens verändert haben«.

Über sich und seine Arbeit sagt Osho, dass er mithilft, die Voraussetzungen für die Geburt einer neuen Art von Mensch zu schaffen, den er häufig als »Zorba the Buddha« charakterisiert – einen Menschen, der die irdischen Freuden eines Griechen Sorbas ebenso zu genießen weiß wie die stille Gelassenheit eines Gautama Buddha. Wie ein roter Faden zieht sich durch Oshos gesamtes Lebenswerk eine Vision, die die zeitlose Weisheit früherer Zeitalter ebenso umfasst wie das höchste Potenzial der heutigen (und zukünftigen) Wissenschaft und Technik.

Osho ist weithin bekannt für seinen revolutionären Beitrag zur Wissenschaft der inneren Transformation, mit einem Zugang zur Meditation, der dem beschleunigten Tempo unserer modernen Lebensweise Rechnung trägt.

Seine einzigartigen OSHO Aktiven Meditationen® sind so gestaltet, dass sie zuerst körperlichen und mentalen Stress abbauen, sodass wir Stille und Entspannung im Alltag erfahren können.

Zwei autobiografische Werke des Autors sind auf Deutsch erhältlich:
*Autobiografie*, Allegria Verlag, Berlin, 2005
*Goldene Augenblicke*, Innenwelt Verlag, Köln, 1995

Weitere Informationen:

| | |
|---|---|
| WEB | OSHO.com |
| OSHO MEDITATIONEN® | OSHO.com/meditate |
| YOUTUBE | YouTube.com/OshoInternational |
| INSTAGRAM | Instagram.com/oshointernational |
| MAGAZIN | oshotimes.com |
| FACEBOOK | Facebook.com/Osho.International |
| TWITTER | Twitter.com/osho |
| MEDITATION RESORT | osho.com/visit |

In Pune, Indien, 180 Kilometer südöstlich von Mumbai gelegen, ist das OSHO International Meditation Resort ein Urlaubsort der besonderen Art. Auf dem weitläufigen Areal mit Pyramiden und spektakulären Zen-Gärten finden verschiedene ganztägige und ganzjährige Programme für Meditation statt, einschließlich der OSHO Aktiven Meditationen®, sowie Workshops und Kurse für persönliche Transformation auf der Basis von Gewahrsein, Entspannung, Feiern und Kreativität. Teilnehmer aus über 100 Ländern kommen jedes Jahr als Gäste ins Meditation Resort.